Religion – Opium für das Volk? Heute, da das erklärt antireligiöse Sowjetimperium zerfallen und ein riesiges geistiges Vakuum entstanden ist, wachsen die Erwartungen der Menschen an Religion und die orthodoxe Kirche ins Unermeßliche. Ein Millionenvolk, das über mehrere Generationen eine atheistische Bildung durchlaufen hat, setzt in seiner Not und in neu erwachter Hoffnung auf seinen Gott und seine Priester.

Das vollzieht sich in einem Land, das vor der Revolution seit Jahrhunderten geprägt war von mächtiger, staatsfrommer Orthodoxie, von Spiritualität und Mystik, von Sekten und antiwestlicher Isolation und dessen hohe kirchliche Hierarchie zur Zeit der alten Sowjetunion zu einem nicht geringen Teil auf der Gehaltsliste des KGB stand und den Putsch vom August 1991 unterstützte.

Der vorliegende Bericht, gemeinsam recherchiert, beobachtet und erfragt von einem der erfahrensten Journalisten Deutschlands und einem angesehenen Experten für Ostkirchengeschichte, antwortet auf die hochbrisanten Fragen nach der neuen Rolle, die die Kirche in Rußland spielen könnte: als eine selbstverständliche, befreiende Wiedergeburt, als anmaßende oder in alte Rechte eingesetzte Sinnstifterin, als lebensnotwendiger Garant für freie Fortentwicklung, als Ersatz für den verlorenen Totalitarismus, als gefährliches Sammelbecken mächtiger, reaktionärer Sehnsüchte oder, so ist zu hoffen, als Orientierung und als Katalysator für die Entwicklung einer modernen, demokratischen, pluralistischen Gesellschaft.

Thomas Ross, geboren 1927 in Berlin und drei Jahrzehnte Korrespondent der FAZ, veröffentlichte seinen Indien-Bericht *Der Tod des heiligen Baumes* 1991 im Hanser Verlag.
Adolf Hampel, geboren 1933 in Klein-Herlitz bei Troppau, lehrt Kirchengeschichte mit Schwerpunkt Ostkirche an der Universität Gießen. Er hat zum Thema jüngst veröffentlicht: *Glasnost und Perestroika – eine Herausforderung für die Kirchen* (1989).

Thomas Ross
Adolf Hampel

Gott in Rußland

Ein Bericht

Carl Hanser Verlag

1 2 3 4 95 94 93 92

ISBN 3-446-17214-9

Umschlag: Claus Seitz unter Verwendung eines
Fotos von Barbara Klemm ©
Satz: FoCoTex Klaus Nowak, Berg am Starnberger See
Druck und Bindung: Jos. C. Huber KG, Dießen
Printed in Germany

Inhalt

Vorwort

Als das Zarenreich 1917 zusammenbrach, schien die Russische Orthodoxe Kirche stark. Diese Stärke aber war nur äußerlich, denn die Mehrheit der Bevölkerung stand der Kirche gleichgültig gegenüber. Ein dreiviertel Jahrhundert später, nach dem Zusammenbruch des Reiches der Kommunisten, die sie ausrotten und ersetzen wollten, lassen sich alte und junge Russen in Massen taufen, strömen in Scharen in die Kirchen, wird jeden Tag in Rußland eine Kirche wiedereröffnet, erweist sich die orthodoxe Kirche als das einzig Dauerhafte, das einzige Kontinuum in ihrer Geschichte.

Es ist eine »Zeit der Wirren«, vergleichbar 1917 und den folgenden Jahren, vergleichbar der sogenannten »smutnoe vremja« zu Anfang des 17. Jahrhunderts, da die Polen im Kreml feierten, wo ihr Schützling, der »falsche Demetrius«, auf dem Thron saß, derweil heute Heilsversprecher aus Amerika und anderen Kontinenten im Kreml und andernorts ihre religiösen Waren anpreisen.

Dennoch ist die gegenwärtige »Zeit der Wirren« unvergleichlich, weil die Russen zum erstenmal die Chance haben, den Monolithismus aufzubrechen, der sie fast ihre ganze Geschichte hindurch gefangenhielt, jedenfalls seit dem Fürstentum Moskau, wenngleich in verschiedenen Formen, der schrecklichsten unter Lenin und Stalin. Eine präzise Definition des Monolithismus gibt Leszek Kolakowski:

»Das Wesensmerkmal einer Erscheinung, die man in der Sprache des 20. Jahrhunderts als Totalitarismus bezeichnet – nämlich die Herrschaft des Prinzips, daß das gesamte gesellschaftliche Leben, insbesondere die wirtschaftliche und kulturelle Tätigkeit, nicht nur der Aufsicht des Staates unterstehen, sondern restlos den Bedürfnissen des Staates unterworfen sein muß.« Daraus folge, »daß der Bürger Eigentum des Staates ist, daß all seine Handlungen von der Regierung bestimmt werden oder aber ein Anschlag auf die Rechte der Regierung sind«, eine Gesellschaft, in der es »beinahe kein Mittelding zwischen Unterwürfigkeit und Auflehnung« gebe.

Soll dieser Monolothismus aufgebrochen werden, kommt dem Verhältnis zwischen Kirche und Staat die entscheidende Rolle zu. Die wenigen und sehr kurzlebigen Versuche der orthodoxen Kirche, ein dem Westchristentum ähnliches, unabhängiges Verhältnis zum Staat herzustellen, sind bisher alle gescheitert.

Heute sind Kirche und Staat gleichermaßen schwach. Die Ursachen für den schlechten Zustand der orthodoxen Kirche, ungeachtet der Taufwelle und des sogenannten religiösen Erwachens, liegen nicht nur in den sieben Jahrzehnten Verfolgung durch das kommunistische Regime und der Verstrickung mit ihm, wir müssen sie vielmehr in der Tiefe der Jahrhunderte suchen.

»Wenn die russische orthodoxe Kirche zu Anfang des zwanzigsten Jahrhunderts geistig selbständig gewesen wäre, gesund und mächtig, sie hätte die Kraft und die Autorität besessen, den Bürgerkrieg aufzuhalten, sich machtvoll über die beiden kriegführenden Seiten zu erheben, ohne zuzulassen, daß sie einer dieser Seiten zugerechnet wurde.« Das schrieb Aleksandr Solschenizyn im September 1974 in einem Brief an das Konzil der Russischen Orthodoxen Kirche im Ausland. Und er schloß: »Das ist keine Phantasie: In einem echten orthodoxen Reiche hätte ein so vernichtender Krieg nicht ausbrechen können.«

Das »echte orthodoxe Reich«, von dem hier die nach Sacharows Tod wohl größte moralische Autorität der Russen spricht, ist ein Traum, den die besten Russen seit der ersten Massentaufe vor tausend Jahren am Dnjepr, träumen. Orthodoxie, die »Rechtgläubigkeit« und die Russische Orthodoxe Kirche mit ihrer »schwarzen« Geistlichkeit, den Bischöfen und Mönchen, und »weißen« Geistlichkeit, den Priestern, verhalten sich ähnlich zueinander wie Christentum und Kirche im Westen, ob katholische oder protestantische. Die Geschichte des Staates und seiner Kirche sind bis heute, im

Guten wie im Bösen, untrennbar miteinander verflochten, so eng wie bei uns allenfalls bis zu den Religionskriegen des 16. und 17. Jahrhunderts.

Wer die Besonderheit der russischen Mentalität und Spiritualität, so verschieden von jener der westlichen Christenheit, nicht anerkennen will, mag die Dinge anders sehen. Wer jedoch diese fundamentalen Verschiedenheiten für schicksals- und geschichtsbestimmend hält, der wird mit angehaltenem Atem nach Rußland blicken und sich fragen: Was geschieht dort, und was bedeutet es für uns?

Es ist kein exklusives Schauspiel für Neugierige und Interessierte und für die vielen politischen, wirtschaftlichen und religiösen Manager, es ist auch nicht alleine Angelegenheit der Hilfsbereiten, sondern ein gewaltiges Weltendrama, das, wie immer es sich entwickeln mag, uns unweigerlich mit hineinzieht, und zwar auf allen Ebenen, der politischen und militärischen, der ökonomischen und ökologischen, und endlich der am wenigsten greifbaren, indessen am tiefsten greifenden: der religiösen.

»Unser Land ist vielleicht das einzige auf Erden«, sagte in Moskau im Winter des Mißvergnügens 1992 der Schriftsteller Ion Drudze, »das den lebendigen Atem der Bibel spürt, den biblischen Atem in der Geschichte.«

Und wie im Alten Testament wird Geschichte mit Gewalt geschrieben, wird ein Kriminalfall in einem Moskauer Vorort zu mehr als einem Alltagsereignis. In der Morgendämmerung des 9. September 1990 wurde einer der fähigsten und außergewöhnlichsten Kleriker der Russischen Orthodoxen Kirche, der Erzpriester Aleksandr Meñ, mit einem Beil totgeschlagen.

»Ich bin überzeugt, daß sich Aleksandr Meñs Mörder für bessere Christen halten als ihn selber«, sagte uns ein junger Moskauer Intellektueller. Tatsächlich werden die Mörder oder die Anstifter des Mordes in den Kreisen der konservativen Orthodoxie vermutet.

Wie ist es mit einer Kirche bestellt, deren Geistlichkeit und Hierarchen man einen Mord zutraut? Und sollten sie auch nicht selber die Schergen beauftragt haben, haben sie nicht das Gift des Hasses verbreitet, das sich in die Herzen der Mörder einfraß?

Taufen

Vor der Bilderwand der Nikolaikirche am Rogoschki-Friedhof in Moskau steht ein Brautpaar und hört andächtig dem Priester zu. Demütig beugen Mann und Frau die Köpfe, als er ihnen die goldenen Kronen aufsetzt, die sie fürs Leben vereinen sollen. Beide tragen schwere Stiefel, dicke, schwarze Winterjacken, Rock und Hose aus grobem, braunen Tuch, sie sind untersetzt und schwerfällig und sehen gut zehn Jahre älter aus als die anderen drei Paare, die im Gegensatz zu ihnen festlich gekleidet sind, die Mädchen in weißen Spitzenkleidern, die jungen Männer in dunklen Anzügen und weißen Hemden. Vier Frauen singen im Chor, mit einer Innigkeit und Reinheit der Stimmen, wie sie dem russisch-orthodoxen Ritus seine einzigartige Schönheit verleihen.

Noch während der Trauung zieht eine kleine Gruppe von Gläubigen hinter einem alten Priester mit langem weißen Bart in die Seitenkirche, zwei untersetzte, kräftige Männer um die dreißig und mehrere junge Frauen, eine trägt ein Baby im Arm. Wir gehen ihnen nach.

An der Tür ist ein Zeitplan für Kinder- und Erwachsenentaufen angeschlagen. Aus praktischen Erwägungen hat sich in der Russischen Orthodoxen Kirche die Taufe der Erwachsenen durch Begießen durchgesetzt, Kinder hingegen werden nach wie vor dem altkirchlichen Brauch gemäß durch völliges Eintauchen in das Taufwasser in die Gemeinschaft der Kirche aufgenommen. Dahinter verbirgt sich eines der großen religiösen Mysterien, das völlige Eintauchen bringt die Symbolik der Taufe anschaulich zum Ausdruck: die Hineinnahme des Menschen in Christi Tod und Auferstehung. Durch das Eintauchen wird zugleich der Tod des alten, sündigen Menschen, durch das Auftauchen die Auferstehung des in Christus erneuerten Menschen dargestellt.

Zahllose Russen haben sich und ihre Kinder in den vergangenen zwei, drei Jahren taufen lassen. Ist das aber wirklich

Zeugnis und Beweis einer religiösen Wiedergeburt Rußlands? Den beiden erwachsenen Täuflingen, die im Ritus von dem Priester mehrmals mit ihren Namen, Nikolai und Pavel, angesprochen werden, ist der theologische Gehalt dessen, was ihnen geschieht, unbekannt, wie wir bald erfahren. Mit rührender Geduld müht sich der Geistliche, ihnen die beiden Grundverhaltensweisen eines orthodoxen Gläubigen beizubringen: das Kreuzzeichen mit drei Fingern und das Küssen der Ikone. Er nimmt sie an der Hand und übt mit ihnen vor der Bilderwand die rechte Finger- und Körperhaltung. Um des Kreuzzeichens willen hatte sich im 17. Jahrhundert die Kirche gespalten.

Die Altgläubigen, auch abfällig Raskolniki genannt, die sich damals von der offiziellen Patriarchatskirche trennten, hielten daran fest, das Kreuzzeichen weiterhin mit zwei Fingern zu machen und Christus in Gebet und Gesang als »Issus« und nicht »I-issus« anzurufen, wie es die liturgische Reform des Patriarchen Nikon verlangte. Der Nikolaikirche, die aus Mitteln der Gläubigen glanzvoll und farbenprächtig neu erstanden ist, liegt eine Kirche der Altgläubigen benachbart. Dort werden wir schon im Eingang durch eine handgeschriebene Warnung darauf hingewiesen, nicht zu knien und nicht das Kreuz mit drei Fingern zu machen. Wer die Warnung übersieht, wird von den Gläubigen mit Zorn und Erregung genötigt, die Kirche eilends zu verlassen.

Pavel und Nikolai sind von der Bilderwand zurückgetreten und lauschen nun, wie der alte Priester das Vaterunser, das Credo und das »Himmlischer König« rezitiert, eigentlich ein Grundwissen, das beim erwachsenen Täufling vorausgesetzt wird. Dem alten Priester jedoch bleibt, gleich Tausenden seiner Amtsbrüder, gar nichts anderes übrig, als die unwissenden jungen Männer aufzunehmen, will sie die Kirche nicht verlieren.

Vorsichtig nimmt er das Baby in den Arm, trägt es zur Bilderwand und läßt es die Ikone küssen, das liturgische Buch auf dem Lektorium und das goldene, reich geschmückte Kreuz. Dann überreicht er zum Abschluß Pavel und Nikolai metallene Umhängekreuzchen, jene Kreuzchen, meist aus

Silber oder Gold, die ein gläubiger Orthodoxer immer auf der Brust tragen sollte.

Freunde und Verwandte beglückwünschen die beiden neuen Kirchenmitglieder mit einem dreifachen Kuß. Wir kommen mit ihnen ins Gespräch und erfahren, daß sie in einer Maschinenfabrik in Moskau arbeiten und von einem Kollegen dafür gewonnen wurden, sich taufen zu lassen.

Ihre Eltern seien überzeugte Atheisten und hätten es abgelehnt, mit ihnen zur Taufe zu kommen, erzählen sie. »Aber meine Großmutter war sehr fromm«, sagt Pavel, »sie hat mir schon als Kind viel über den Glauben und die Kirche erzählt und aus Legenden und der Bibel vorgelesen. Leider habe ich fast alles davon vergessen, und die Gebete wollte ich nicht lernen. Sie war darüber sehr traurig.« Nikolais Geschichte ist ähnlich.

Ein solcher Wandel in den drei Generationen scheint häufig, wenn nicht gar typisch zu sein. Am verbreitetsten ist ein gefestigter Atheismus bei der Generation, deren Sozialisierung in die Kriegs- oder unmittelbare Nachkriegszeit fiel, wie bei Nikolai und Pavels Eltern. Die Überzeugungskraft des Kommunismus, die durch den Terror der dreißiger Jahre sehr verloren hatte, wurde im Kampf gegen Nazi-Deutschland neu belebt: Stalins Greueltaten verblaßten angesichts des Kampfes auf Leben und Tod, des »Großen Vaterländischen Krieges«, und die atheistische Staatsideologie partizipierte am Ruhm der siegreichen Sowjetunion. Doch die Erinnerung an den Sieg ließ, den Filmen, Büchern, Denkmälern und Museen, die ihn unermüdlich ins Gedächtnis riefen, zum Trotz, immer stärker nach. Die Generation, die nach 1955 geboren wurde, erlebte Stagnation und Niedergang des Kommunismus, und sie fing an, sich nach anderen Lebens- und Welterklärungen umzusehen.

»In der Schule und im Komsomol sind wir ganz im Geiste des Atheismus erzogen worden«, sagt Pavel. »Noch vor drei Jahren hätten wir es nicht gewagt, uns öffentlich und noch dazu so nahe unserer Wohnung taufen zu lassen.« Vor ein paar

Jahren, er erinnere sich nicht mehr genau, aber es sei wohl 1985 gewesen, vor oder nach der Wahl Gorbatschows zum Parteisekretär, habe sich ein Abteilungsleiter ihres Betriebes heimlich taufen lassen. Für eine entsprechend höhere Gebühr hatte sich der Priester bereit erklärt, sie nicht, wie es vorgeschrieben war, den Behörden zu melden. »Irgendeine Drecksau hat ihn verpfiffen«, sagt Pavel, »und der Mann hat sofort seinen Posten verloren.« Nikolai lacht höhnisch und sagt, »aber seitdem man Jelzin und die anderen mächtigen Herren mit der Kerze in der Hand in der Kirche sehen kann und Fernsehen und Zeitungen darüber berichten, wollen plötzlich alle in die Kirche.«

Die Taufwelle der vergangenen zwei, drei Jahre ist ein spontaner Beitrag zur Tausendjahrfeier des russischen Christentums im Jahre 1988. Die damals scheinbar noch allmächtigen kommunistischen Organisatoren hatten während der Vorbereitungen große, aber vergebliche Mühe auf antikirchliche Propaganda verwandt, wie zum Beispiel den Film »Die ursprüngliche Rus«, der die Ostslawen und die warägischen Herrscher zur Zeit der Übernahme des Christentums im 10. Jahrhundert schildert. Ein plumpes Machwert, das fatal an Nazifilme erinnerte: Aufrechte, blonde heidnische Rekken, tollkühn und ohne allen Falsch, abhold jedweder Intrige und Korruption, werden von degenerierten, verweichlichten und ränkesüchtigen christlichen Missionaren hinters Licht geführt. Die Botschaft des Filmes: Die rücksichtslose und verlogene Schläue der Missionare begründet ihre Überlegenheit und ihren Erfolg, nicht die Überzeugungskraft des Christentums.

Als der heidnische Warägerfürst Wladimir, ein gewaltiger Kerl, ein Pantagruel aller Freuden des Fleisches, im Jahre 988 unter den verschiedenen Religionen, vermutlich aus politischen Erwägungen, das griechische Christentum ausgewählt hatte und sich taufen ließ, sandte er zuvor Boten durch die Stadt Kiew, die riefen: »Wenn sich morgen einer nicht einfindet am Flusse, er sei reich oder arm oder besitzlos oder

Knecht, der soll mir zuwider sein.« Da die Leute dies hörten, gingen sie hin mit Freuden und sprachen: »Wenn dies nicht gut wäre, so hätten der Fürst und die Bojaren das nicht angenommen.« Im Volk entstand das sogenannte »dvoeverie« (Doppelglaube), es nahm den christlichen Glauben an und bejahte ihn, zugleich hing es weiter den alten Göttern an und folgte den heidnischen Bräuchen.

Die Parallele zur Gegenwart drängt sich auf: Natürlich wollten Pavel und Nikolai nicht sagen, Tausende von Russen, geschweige denn sie, hätten sich bei ihrer Bekehrung Jelzin und andere Mächtige zum Vorbild genommen. Sie meinten damit nur, jetzt sei freie Bahn für Opportunisten jeglicher Färbung, um in die Kirche einzutreten. Und sie seien keineswegs über Nacht gute Christen geworden.

»Was machen Sie denn hier, verehrte, liebe Anastasia Filipowna?« So begrüßte der Philosophieprofessor Julius Schreider vor drei Jahren verwundert eine Akademikerin am Eingang der Patriarchatskirche, die ihm bis dahin als glühende Atheistin aufgefallen war. Übrigens sei sie ein bißchen dumm und als Wissenschaftlerin medioker, fügte er süffisant hinzu. »Ach wissen Sie, Julius Alexejewitsch, ich habe mich taufen lassen, und ich bin außerdem in die Partei eingetreten.« Eine solche Verbindung sei ihm bis dahin unbekannt gewesen und nun tollkühn erschienen. Man zählte das Jahr 1989.

»Wir stürzen uns plötzlich aus dem allgemeinen Unglauben in eine massenhafte Vereinigung mit Gott«, schrieb der Publizist Juri Solomonow in der »Literaturnaja Gazeta«. »Heute glauben alle, die ehemaligen Parteibosse, die Leiter von Kooperativen, die Devisen-Prostituierten ... sogar Börsen werden mit dem Segen eines Priesters eröffnet.«

Sarkastisch bemerkte Vater Wladimir Archipow: »Viele lassen sich taufen, um sich kirchlich trauen zu lassen, das ist heute Mode. Die kommen erst als Leiche wieder, vorher sieht man sie nicht.«

In den Zeiten großer Wirren und Stürme – vom 12. bis zum 14. Jahrhundert und zu Anfang des 17. Jahrhunderts – hat die

Kirche in der Geschichte Rußlands immer wieder die Rolle des Leuchtturmes gespielt, und diese Rolle ist ihr auch heute wieder zugefallen.

Die beiden Schwestern Margareta und Elvira, zwei hübsche Frauen von Anfang dreißig, Dozentinnen am Institut für Lehrerausbildung in Tscheboksari, 600 Kilometer östlich von Moskau an der Wolga, ließen sich vor einem Jahr taufen. Sie befürchteten, ihr von ihnen verehrter Vater, ein Professor der Philosophie, also des Marxismus-Leninismus, werde entrüstet sein. Doch siehe, er war einverstanden, ja, er sagte: »Ich war vierzig Jahre lang Mitglied der Partei und habe an sie geglaubt. Aber sie hat sich überlebt, sie ist am Ende. Geht in die Kirche, meine Kinder, sie alleine kann euch heute Orientierung liefern und besitzt moralische Autorität, und das brauchen wir vor allem: eine konsolidierende und orientierende Kraft in unserem persönlichen Leben.«

Die Taufwelle kommt nicht nur der Russischen Orthodoxen Kirche zugute, sie hat alle Religionen erfaßt, und besonders der katholischen Kirche bringt sie neue Mitglieder.

Konstantin Pleschakow, ein junger Historiker und Politologe, hat lange Zeit gerungen, welcher der beiden Kirchen er beitreten solle. »In den siebziger Jahren fingen wir an, christliche Literatur zu lesen, das war damals schwierig und nicht ungefährlich.« In der Tat hat ja die Rückkehr zum Christentum unter einem Teil der Intellektuellen und zumal der akademischen Jugend schon in den siebziger Jahren begonnen, und der Erzpriester Aleksandr Meñ hatte daran wesentlichen Anteil. »Ich wollte ursprünglich in der katholischen Kirche getauft werden«, sagte Pleschakow, »aber ich dachte mir dann, das ist ein bißchen seltsam für einen Russen, denn die russische Kirche ist die orthodoxe und keine andere, sie ist es seit tausend Jahren. Mein ganzes Leben war ich Dissident, als Schüler, als Student, als Dozent und Abteilungsleiter an unserem Institut. Darum habe ich mir gesagt, ich muß nicht auch darin, in dieser wichtigsten Entscheidung, die ein Mensch zu treffen hat, in der Opposition sein.« Dabei sei ihm klar, daß die orthodoxe Kirche in einem »schrecklichen Zustand« sei, die Hierarchie korrupt und mit dem KGB verbunden, die Priester unfähig und ungebildet und dumm. »Die katholische Kirche ist viel zivilisierter, ihre Priester sind gebildet, sie halten gute Predigten, sie sind Seelsorger, sie helfen den Armen und Kranken und entfalten andere soziale Aktivitäten.« Einer seiner besten Freunde habe sich katholisch taufen lassen. »Ich beneide ihn.« Ein anderer, ein hochbegabter junger Architekt, sei direkt vom Atheismus, von der orthodoxen Kirche unberührt, zum Jesuitenorden gekommen, wo er jetzt in Frankreich sein Noviziat mache, freilich nach der Taufe in St. Petersburg.

»Und trotz alledem«, so schloß Pleschakow, »unsere einzige Hoffnung ist die Russische Orthodoxe Kirche. Nur verwöhnte Intellektuelle wie ich denken überhaupt an die katholische Kirche.«

Zustand der Kirche

»Kann die Kirche die russische Gesellschaft retten, kann sie ihr helfen, fragen Sie? Ich gebe Ihnen die Antwort: Nein, die orthodoxe Kirche ist selber krank, sie ist es, der geholfen werden muß.«

Der orthodoxe Priester Wladimir Archipow sprach das harte Urteil, ohne einen Augenblick zu zögern, und sein kräftiger Baß, der gewiß einen Kirchenraum mühelos füllt, verlieh seiner Aussage noch mehr Entschiedenheit. Er hatte uns von der Metrostation abgeholt, ein schwarzhaariger, bärtiger Riese. Wenn er einen Schritt machte, mußten wir eineinhalb machen. Auf dem Weg zu seiner Wohnung kamen wir an einer Mülltonne vorbei, in der ein alter Mann nach Essensresten wühlte, die er in einen Plastiksack steckte, in einer schauerlichen Mischung aus Gier und Scham. Es war kein Bettler, ganz und gar nicht, er trug einen schwarzen Mantel mit Pelzkragen, einen Wollschal, eine Pelzmütze, einen schwarzen Anzug und schwarze, sauber geputzte Stiefel. Als er uns bemerkte, wandte er das Gesicht ab und zog den Kopf ein, als könne er sich damit unsichtbar machen. »Bis vor ein paar Jahren war er Schullehrer«, sagte Vater Wladimir leise, jetzt sei er in Pension. Das Bild des alten Mannes verfolgte uns bis in die Wohnung von Vater Wladimir.

Nach der Ermordung des Erzpriesters Aleksandr Meñ im September 1990 hatte er dessen Pfarrkirche übernommen, eine kleine Dorfkirche der »Darstellung Christi im Tempel« bei der Stadt Puschkino, nordöstlich von Moskau, an der Strecke nach Sergijew Posad (bis vor kurzem Zagorsk); so war es des erschlagenen Mannes Wunsch gewesen. Wladimir Archipow, 45 Jahre alt, wohnte dreißig oder vierzig Kilometer entfernt, mit seiner Frau, einer Programmiererin, und seinem zwölfjährigen Sohn – die Tochter war mit einem Priester verheiratet – in einem der wabenartigen Wohnblocks in der Hauptstadt. Seine Frau, ihm kaum bis zur Schulter reichend, stellte eine blaue, geblümte Kanne mit dampfendem Tee auf den Tisch.

»Die Russische Orthodoxe Kirche ist krank«, wiederholte er, »und ich will die wichtigsten Krankheitserscheinungen aufzählen.« Die große Menge der Priester sei für die große Aufgabe völlig unvorbereitet, sie seien ungebildet, und was schlimmer wiege, es komme ihnen nicht vom Herzen. »Aleksandr Meñ hat das vorausgesehen, er hat gewarnt: Wenn für die Kirche die Stunde der Freiheit schlägt, sagte er wenige Monate vor seiner Ermordung, dann wird keiner dasein, der etwas zu sagen hat, und der innere Antrieb wird der Kirche und den Geistlichen fehlen. Die Leute werden sich langweilen und sie werden sich umdrehen und weggehen, genau wie früher.«

Russen, die viel durchs Land und vor allem auch in die Dörfer und Städte kommen, unterstrichen Vater Wladimirs Kritik. Verkäufer und Priester, das seien heute gesuchte Berufe für ungebildete Männer, weil sie, wenn man geschickt sei, gute Einkünfte brächten.

Der zweite Punkt, fuhr Wladimir Archipow fort, sei der Pfarrgemeinderat, heute mindestens zehn, früher mindestens zwanzig Mitglieder, von denen immer einige im Dienste des KGB standen. Dieser Gemeinderat hatte früher alles entschieden, und der Priester hatte wenig oder gar nichts zu sagen. Obwohl seine Befugnisse durch einen Beschluß der Synode reduziert wurden, wolle er nach gewohnter Manier alles entscheiden. Seinen Mitgliedern sei das Evangelium völlig gleichgültig, die meisten hätten nie in ihrem Leben auch nur eine Zeile der Bibel gelesen, aber sie klammerten sich an ihre Positionen, die ihnen ein gewisses Prestige einbrächten. »Sie sind nur auf möglichst viele Taufen, Trauungen, Andachten, Begräbnisse aus, kurzum auf alles, was Geld bringt. Uns Priestern gegenüber sind sie äußerst mißtrauisch. Wir führen einen ständigen Kleinkrieg mit ihnen, und der kostet uns Zeit, Kraft und Nerven.«

Mit dem Dekret »Über die religiösen Vereinigungen« hatte die kommunistische Regierung 1929 ein neues Instrument zur Kontrolle der Kirche geschaffen. Erst dieses Dekret hatte die systematische Verfolgung der Religionsgemeinschaften eingeleitet, mit massenhaften Kirchenschließungen und großangelegten antireligiösen Kampagnen.

Der dritte Punkt, fuhr Vater Wladimir fort, sei die traditionelle enge Anlehnung der Kirche an den Staat, die sie ständig vielen Anfechtungen aussetze. Aber diese enge Verbindung mit dem Staat werde von der überwältigenden Menge der hohen und niederen Geistlichkeit weiterhin gewünscht.

Viertens erzeuge die aggressive Haltung der Exilkirche (die zuerst nach Jugoslawien und Westeuropa, später nach Amerika emigrierte Kirche, die auf der Synode von Karlowitz 1922 zur Jurisdiktion erhoben wurde) Spannungen und führe zu Teilungen. In der Tat haben sich bereits rund hundert Pfarreien unter ihre Jurisdiktion gestellt, und sie verfügt über drei Bischöfe.

Was jedoch Vater Wladimir die größten Sorgen bereitete, war die unheilige Allianz von Nationalismus und Kirche. »Die Mehrheit des orthodoxen Klerus und der Gläubigen«, sagte er und klopfte mit dem Bleistift auf den Tisch, »ist leider für Isolierung, für Abkapselung, für Abschottung gegen andere Bekenntnisse. Die Priesterschaft will keine Kontakte mit anderen Konfessionen, sie ist gegen den Geist von Aleksandr Meñ, gegen seine Aufgeschlossenheit, sie pflegt einen engstirnigen russischen Nationalismus.« Vor lauter Zorn zerbrach er den Bleistift. »Diese Haltung kostet unsere Kirche viel, sehr viel Energie.«

Die Kritik an der Kirche, die wir nicht nur von liberalen, sondern genauso von konservativen Orthodoxen hörten, unterstrich Vater Wladimirs Analyse: die Hierarchie korrupt, gierig und kompromittiert; das Niveau der Priester niedrig; Xenophobie aus Angst und Unsicherheit; die Klöster, einst Wirkungsfelder intensiver und oft mystischer Frömmigkeit, heute Zentren des Obskurantismus und der Intoleranz. Auch von der Exilkirche dürfe man nicht viel erwarten, sie sei womöglich noch konservativer als die Patriarchatskirche und verdanke ihren Einfluß vornehmlich ihrer Finanzkraft.

Vater Wladimir war ursprünglich Programmierer gewesen, wie seine Frau. Vor zwanzig Jahren lernte er Aleksandr Meñ kennen und war vom ersten Moment an tief von ihm beeindruckt. Sie führten lange Gespräche, Vater Alexsandr riet ihm, was er lesen solle, unterwies ihn, führte ihn in die Glaubenslehre ein und veranlaßte schließlich, daß ihn ein befreundeter Bischof zum Priester weihte. Erst vor ein paar Monaten hatte er angefangen, Theologie zu studieren.

Archipow erhob sich, ging an sein Bücherregal und kehrte mit einigen Photos zurück. Es waren Photos von Aleksandr Meñ: beim Gottesdienst im Ornat, mit krebskranken Kindern in einem Krankenhaus, auf einem Ausflug mit Freunden im Ruderboot auf der Wolga, an seinem Schreibtisch. Eine hohe, schöne, gewölbte Stirn, dichte Augenbrauen und die Augen eines Poeten oder Philosophen, das dunkle Haar und der kurzgeschnittene Bart von grauen Strähnen durchzogen, der Ausdruck bald nachdenklich, bald heiter, eine Konzentration, eine innere Gesammeltheit, die selbst von dem toten Papier ausströmte. Er muß damals um die fünfzig gewesen sein. Dann zeigte uns Vater Wladimir ein Photo vom Begräbnis, eine vieltausendköpfige, dicht gedrängte Menschenmenge, sehr viele junge Leute darunter, vor dem Sarg des Ermordeten der zelebrierende Bischof: Metropolit Juvenali, einer der mächtigsten und umstrittensten Männer des Patriarchates, enger Zusammenarbeit mit dem KGB bezichtigt.

Der Erzpriester Aleksandr Meñ, bei seiner Ermordung 54 Jahre alt, ist eine Schlüsselfigur der orthodoxen Kirche. Er war, das gestehen selbst seine Feinde zu, einer ihrer fähigsten Köpfe, und er besaß Charisma, nicht im inflationierten, vielmehr im strengen Sinne des Wortes. Mit Solschenizyn war er gut bekannt, trug, nach eigenen Worten, zu dessen Rückkehr zum Christentum bei. »Aber Aleksandr Issajewitsch legte Nachdruck auf die äußeren Probleme der Kirche, ich hielt und halte noch jetzt ihre Schwierigkeiten und ihre Krise für eine Angelegenheit ihres Inneren.«

Meñ ist der erste christliche, oder sollte man sagen, kirchliche Märtyrer dieser Umbruchzeit, die Rußland erlebt. Er war kein politischer Märtyrer. Im Gegensatz zur Ermordung des polnischen Pfarrers Popieluszko werden bei seiner Ermordung politische Motive ausgeschlossen. Es ist wichtig, sich diesen Unterschied klar zu machen: Der Mord an Aleksandr Meñ hat mit dem Zustand der Russischen Orthodoxen Kirche zu tun.

»Ich bin ein Christ, ich bin kein Dissident«, pflegte er zu sagen, »Christentum ist mehr als Dissidententum.«

Ehrwürdige Figuren in der orthodoxen Kirche waren nicht dieser Ansicht. »Ein Mensch, der sich den Ideen des Vaters Erzpriesters (Aleksandr Meñ) anvertraut, fällt in die Umarmung des Antichristentums, was viel schlimmer ist als der ›reine‹ Atheismus«, hieß es 1991 in einer Veröffentlichung des Hl. Dreifaltigkeits-Sergiusklosters, des weitaus angesehensten Klosters in Rußland, das auch das wichtigste Priesterseminar beherbergt. »Der Vater Erzpriester handelt ganz nach Art der falschen Propheten der letzten Zeit: Er äußert die ihm notwendig erscheinenden Sachen nicht frei heraus, er insinuiert seine Meinung irgendwie dem Leser, indem er ihn umgarnt. Deshalb auch die Verweise auf die ›Zeitgemäßheit‹, die ›Wissenschaftlichkeit‹ und seine Hinwendung zu den Argumenten des ›gesunden‹ (d.h. ungläubigen) Menschenverstandes.« Solchen religiösen Zorn hatte Vater Aleksandr mit einem Kommentar zur Bibel erregt.

Er war Theologe, Philosoph, vergleichender Religionswissenschaftler, der in seiner Jugend gleichzeitig – privat – Theologie und an der Universität Biologie studiert hatte und vor der Priesterweihe als Biologe tätig war. Er hat viel geschrieben, über die Ursprünge des Christentums und vorchristliche Religionen, Bücher (die unter Pseudonym in einem katholischen russischen Verlag in Brüssel erschienen), Artikel, Essays, er war enorm belesen, er besaß eine große Bibliothek, er stürzte sich als Gast sogleich auf den Bücherschrank, er sprach Englisch, Griechisch, Hebräisch und las Lateinisch. Er war, unter orthodoxen Priestern selten, ein nie ermüdender Seelsorger, regelmäßig besuchte er ein Krankenhaus für krebskranke Kinder, er veranstaltete Theater mit Kindern und Gottesdienste – zu einer Zeit noch, da es verboten war und er Gefängnisstrafe riskierte –, er gründete in Moskau ein Netz kleiner Gemeinden zum Zwecke der Katechisierung. Er war offen und aufgeschlossen gegenüber den anderen Konfessionen, man solle nicht die Unterschiede zu ihnen suchen und graben, sondern die Gemeinsamkeiten hervorheben und stärken. Er war ein faszinierender Prediger, dem die Jugend in Scharen zulief, in einer Kirche, in der aus alter Tradition kaum ein Geistlicher predigen kann, es auch nicht von ihnen verlangt wird.

»Es wird Zeit brauchen, bis sich herausstellt, was er verkündet hat«, meinte Vater Wladimir, »was die Leute von ihm denken und wie viele er beeinflußt hat.«

Auf Hunderttausende schätzen seine Freunde die Zahl seiner Anhänger, Tausenden hat er die Beichte abgenommen. »Aber er wäre heute sehr verbittert«, sagte sein Freund, der Schriftsteller Wladimir Feinberg, »viele seiner Gemeinden in Moskau sind seit seiner Ermordung zerfallen und viele seiner Pfarrkinder zerstritten.«

Wer ist schuld an seiner Ermordung?

Aleksandr Meñ, geboren im traditionsreichen Moskauer Viertel Arbat, hatte unzählige Feinde, vielleicht mehr als Freunde. Er war Jude, seine Mutter, 1908 in Basel geboren, hatte sich kurz vor Kriegsbeginn orthodox taufen lassen, was damals großen Mut verlangte, sein Vater war leitender Ingenieur in einer Textilfabrik. Die Antisemiten haßten ihn, und ihrer gibt es auch in der Kirche Legion. Er war Ökumeniker und hat sich wissenschaftlich mit den großen Religionen der Erde beschäftigt, hat darüber Bücher geschrieben. Die verbissenen Nationalisten und die Feinde der Ökumene haßten ihn, in und außerhalb der Kirche. Er war für eine Reform der orthodoxen Kirche, ein wirkliches Aggiornamento, er hat darüber nicht nur geschrieben und gesprochen, er hat sie gelebt. Die orthodoxen Gegner der Reform, und ihre Zahl ist die vielfache der Befürworter, haßten ihn.

»Ich habe ihn gewarnt«, erzählte traurig sein Freund Feinberg. »Du hast zu viele Feinde, Aleksandr, du erhältst ständig Drohbriefe, man beschimpft dich aufs gemeinste in Zeitungen und Zeitschriften, du solltest dich beschützen lassen.«

Feinberg, Invalide, und als solcher zum Besitz eines Autos berechtigt, fuhr ihn oft zum KGB zu Verhören. Dieser ließ den Erzpriester niemals in Ruhe, zeitweise wurde er fast täglich – und nächtlich – zum KGB und zur Staatsanwaltschaft befohlen.

Sein Leben liege in Gottes Hand, hatte Vater Aleksandr erwidert, er wolle keinen Schutz.

Am 9. September 1990, damals bestand die Sowjetunion noch und die Konservativen hatten vorübergehend die Oberhand, verließ der Erzpriester Vater Aleksandr Meñ kurz nach

6 Uhr morgens sein Häuschen in der Siedlung »Semchos«, um zur S-Bahn-Station zu gehen. Er trug in der einen Hand einen Tragaltar, in der anderen eine Aktentasche, bekleidet war er mit einem weißen Regenmantel (wie wir ihn auf einem der Photos von Wladimir Archipow gesehen hatten) und einem schwarzen Hut. Der Weg verlief zwischen einem Zaun auf der einen und Gebüsch auf der anderen Seite. Plötzlich traten zwei Männer aus dem Gesträuch, versperrten ihm den Weg und überreichten ihm ein Schriftstück. Während er las, schlug ihm einer der beiden Männer mit einem Beil von hinten auf den Nacken. Dann machten sie sich davon. Der Priester schleppte sich zurück, zwei Frauen, die ihm begegneten, sprachen ihn an: »Vater Aleksandr, Sie bluten!« Ach, nichts, sagte er und schleppte sich zurück bis zu seinem Häuschen und brach dort im Vorgarten zusammen. Seine Frau lief heraus, erkannte ihn im ersten Augenblick nicht, erschrak fürchterlich, rief Notarzt und Miliz. Als diese eintrafen, war Vater Aleksandr Meñ tot.

Die beiden Präsidenten, Gorbatschow und Jelzin, ordneten eine Untersuchung an. Es liegt nicht an ihnen, das ist die allgemeine Meinung, wenn die Untersuchung erfolglos blieb. Man wird die Mörder wohl nie finden, noch weniger die Anstifter. Seine Freunde und Anhänger verdächtigen weniger den KGB, als die rassistische, extrem nationalistische Organisation Pamjat und die orthodoxe Hierarchie. Sogar der Name des Metropoliten Juvenali fiel in diesem Zusammenhang. »Aber hat er nicht beim Begräbnis zelebriert?« Und die Antwort: »Es ist wie bei Shakespeare: Der den Mord befahl, er kommt zu seinem Opfer.«

Wir sprachen mit Feinberg über die Ermordung Martin Luther Kings und der Kennedy-Brüder. »Menschen, auf die das Licht der Geschichte fällt«, sagte er, »sind in besonderer Gefahr.«

Für das russische Volk galt der unschuldig Erschlagene, der »ubiennyj«, schon seit den Zeiten des ersten Christentums in der Kiewer Rus, als Märtyrer oder dem Märtyrertum nahestehend. Viele Amtsbrüder, berichtet die Slawistin und Theologin Fairy von Lilienfeld, sprachen indessen vom »tragisch Umgekommenen« bei bestellten Toten-Gedächtnis-Gottesdiensten für Vater Aleksandr und verweigerten dem Toten das »ubiennyj«, darin enthülle sich die innere Krise des russischen orthodoxen Bewußtseins. Man könnte auch fragen: Hat die Kirche ein schlechtes Gewissen?

Vater Aleksandr Meñs Weigerung, sich gegen mögliche Gewalt zu schützen, entspricht einer alten, geheiligten Tradition, die sich bis in die Anfänge des russischen Christentums zurückverfolgen läßt. Im Jahr 1015 werden die Prinzen Boris und Gleb von ihrem machthungrigen Bruder Swiatopolk ermordet. Sie wissen von den Mordplänen, leisten ihm indessen keinen Widerstand, um keinen Bruderkrieg zu entfesseln. Boris entläßt sogar seine bewaffnete Leibwache und sagt: »Es steht mir nicht zu, die Hand gegen meinen ältesten Bruder zu erheben. Da mein Vater tot ist, vertritt er Vaters Stelle bei mir.«

Boris und Gleb wurden die ersten Heiligen der russischen Kirchengeschichte, Schutzpatrone des inneren Friedens der von blutigen Fürstenfehden zerrissenen Kiewer Rus. Bemerkenswert ist dabei, daß die russische Kirche zwischen Märtyrern und Gewalterduldern unterscheidet, eine Präzisierung, die in der westlichen Hagiographie weniger bekannt ist. Der Märtyrer opfert sein Leben in Verteidigung eines Glaubenssatzes, der Gewalterdulder nimmt ungerechte Gewalt hin, um größeres Übel von den Menschen abzuwenden. Gerade weil sich durch die russische Geschichte so tiefe Blutspuren ziehen, erhalten die Gewalterdulder einen besonderen Ehrenplatz.

In unseren Gesprächen in Moskau über die Person und die Hintergründe von Aleksandr Meñs Ermordung fielen gelegentlich die Namen von Boris und Gleb. Nach einem dreiviertel Jahrhundert Herrschaft der totalen Lüge und des totalen Unrechtes, sagte man uns, seien die Beziehungen zwischen Personen, Gemeinschaften, Kirchen und Nationalitäten in Rußland dermaßen verdorben und korrumpiert, daß zu ihrer Gesundung die Justiz alleine nicht in der Lage sei. »Boris und

Gleb waren keine Pazifisten, sie riefen sehr wohl zur Wehrhaftigkeit gegenüber äußeren Feinden auf, aber sie waren bereit, für den inneren Frieden alles zu opfern, selbst ihr Leben.«

Gorbatschow sei bei den Russen unter anderem deswegen nicht beliebt gewesen, sagte der Schriftsteller Ion Drudze, weil er nicht blutgierig war. »Ströme von Blut müssen fließen, Lenin, Stalin, Iwan Grosnij, sie ließen Ströme von Blut fließen. Bei den Russen hat einzig und allein Autorität, wer ihnen Angst und Liebe einflößt.«

Der Kunst- und Musikhistoriker Aleksandr Rogow erinnerte sich einer seltsamen Äußerung der Dichterin Anna Achmatowa, das war zur Zeit Chruschtschows, als sie sich über seinen Plan unterhielten, ein Buch über den Hl. Sergej zu schreiben. »Die russische Erde muß mit Blut getränkt sein«, sagte sie. Sie habe das natürlich nicht als Wunsch, sondern als schreckliche Warnung ausgesprochen.

Die Orthodoxie

Von der »dreihundert Jahre alten Sünde« schrieb Solschenizyn 1974 in seinem Brief, einer Sünde, für die die Kirche und das ganze orthodoxe Volk nie Reue gezeigt habe. Welche Sünde der Orthodoxen meinte er? »Die russische Inquisition: die Unterdrückung und Zerschlagung der sich erhaltenden alten Frömmigkeit.«

Um eines Fingers und einer Silbe willen brach das Schisma in der zweiten Hälfte des 17. Jahrhunderts aus und schwächte die Kirche bis in ihre Wurzeln. Will man die Orthodoxie verstehen, dann muß man sich mit jenem zentralen Ereignis ihrer Geschichte beschäftigen. Denn die Orthodoxie ist die Seele Rußlands, und die orthodoxe Kirche ist ihre mehr oder minder schlechte Verwalterin.

Der Patriarch Nikon (1652–1666 im Amt) wollte mit Zustimmung des ihn bewundernden zweiten Romanow-Zaren, Aleksej Michaijlovitch (regiert 1645–1676), gewisse Praktiken und fehlerhafte liturgische Texte der russischen Kirche jenen der Griechen angleichen. Dabei hofften beide wohl auch, die Griechen würden sich zum Dank unter russische Schutzherrschaft begeben. Als die zwei folgenreichsten Änderungen erwiesen sich die Art des Kreuzzeichens und die Aussprache von Jesu Namen, »I-issus« statt »Issus«. Dabei ging der Patriarch mit äußerster Rücksichtslosigkeit und Fanatismus vor, Gefängnis, Bannfluch, Verfluchung traf jeden Widerspenstigen, vor allem seine ehemaligen Freunde wie den Protopopen Avvakum, die ihm an fanatischer, unbeugsamer Gesinnung in nichts nachstanden.

Die Folgen waren verheerend: Das Schisma war gleicherweise schädlich für Kirche wie Staat, die Altgläubigen wurden zum Sammelpunkt der Unzufriedenheit, es beraubte die Kirche vieler Tiefgläubiger, konstatierte der Historiker Michail Florinskij, und »machte sie noch abhängiger von Staat, Polizei und Armee als vorher«.

»Die Selbstvernichtung der russischen Wurzel, des russischen Geistes, der russischen Ganzheit – sie dauerte 250 Jahre«, beklagte Solschenizyn. Aber auch viele Intellektuelle, die den Altritualisten kritischer gegenüberstehen als Solschenizyn und in deren Augen die Anhänglichkeit an äußerliche Bräuche ein besonderes Charakteristikum des russischen Christentums ist, respektieren ihre tiefe Frömmigkeit.

Worum ging es denn bei Nikons Reform unter anderem? Es sollten die Spitzen von Daumen, Zeige- und Mittelfinger der rechten Hand zum Abbild der drei Personen der Gottheit beim Kreuzschlagen zusammengelegt werden, während man in Rußland bis dahin die Spitzen des Zeige- und Mittelfingers zum Abbild der beiden Naturen Christi aneinanderlegte. Es war dies eine Zeit voller eschatologischer und apokalyptischer Stimmungen und Voraussagen, und die Massen glaubten, daß der Staat sie durch Änderung von Texten und Riten ihres letzten Besitztums beraube, der Hoffnung auf Erlösung.

Im Westen sind Glaubenskonflikte um die Frage ausgebrochen: »Wie bekomme ich einen gnädigen Gott?«, um Probleme der guten Werke, aus Sorge um das Heil der Menschen; im Osten um die Frage: »Wie stelle ich göttliche Wirklichkeit richtig dar?«, in den Ikonen, im Namen Jesu, im Kreuzzeichen. Wir mögen in dem Beharren auf der exakten Wiederholung traditioneller Formeln und Gesten den Glauben an ihre magische, beschwörende Kraft sehen; aber darin, daß dieser Glaube die Kirche spaltete, offenbarte sich ein wesentlicher Unterschied zum Westchristentum, ein Unterschied, der in tiefen Schichten gründet.

»Zivilisation ist mehr als eine Religion«, schreibt Fernand Braudel, »obschon diese das Kernstück aller kulturellen Ordnung bildet.« Zivilisationen seien Lebensstile, Denkentwürfe, Glaubensweisen, Alltagspraktiken, unzählige wiederholte Verhaltensweisen. Zivilisationen seien die Wegweiser durch die Zeit, »sie bleiben an Ort und Stelle, während der Film der Geschichte abläuft, unbewegt oder beinahe unbewegt in Raum und Zeit.« Die orthodoxe Welt, meinte Braudel, beginne nicht 330 n. Chr. vielmehr sei sie auf der griechischen Welt aufgebaut, die im 8. Jahrhundert v. Chr. ihre Umrisse angenommen habe und nunmehr seit dreitausend Jahren andaure.

Die russische Geschichte bewegte sich seit Anbeginn viel langsamer als die europäische, sie bewegte sich gleichsam tektonisch, in großen, stetigen, kaum merkbaren Verschiebungen, die von Zeit zu Zeit von gewaltigen Eruptionen beschleunigt wurden.

Man solle vermeiden, die »alte Frömmigkeit« abschätzig Altgläubige zu nennen, warnte Solschenizyn, »nur weil sie keine seelische Wendigkeit besaßen, allzu schnell Empfehlungen der angereisten griechischen Patriarchen annahmen.«

Deren Wortführer, der sprachgewaltige Protopope Avvakum (1620–1682), war alles andere denn ein primitiver, ungebildeter Mann. »Wir versanken in Nachdenken, als wir untereinander zusammengekommen waren«, klagte er in seinem Bericht über die Kultusreformen; »es wollte Winter werden, das Herz war kalt geworden, die Beine fingen an zu zittern.« Und ein anderer Protopope hörte eine Stimme von der Ikone her: »Es ist die Zeit des Leidens gekommen. Unaufhörlich müßt ihr leiden.«

Avvakums Schriften, darunter eine literarisch bedeutsame Autobiographie, sind um ein Drittel umfangreicher als das Neue Testament. Fünfzehn Jahre, von 1667 bis zu seinem Tode auf dem Scheiterhaufen, mußte er hinter einem Palisadenzaun in einem Erdloch verbringen, an der Mündung der Petchora im Nördlichen Eismeer. Er hatte aus seiner Zeit am Zarenhofe Verehrer in den höchsten Schichten der Moskauer Gesellschaft, und zwei seiner Beichtkinder, die Bojarin Morosowa und ihre Schwester, die Fürstin Urusowa, wählten lieber das Martyrium, als daß sie von ihrer Zweifingerbekreuzung ließen. Avvakum schrieb aus seinem Erdloch an die eingekerkerte Morosowa: »In deinem Haus waren dir dreihundert Leute zu Diensten ... vor ihnen leuchtete die Schönheit deines Antlitzes, wie im alten Israel die der Witwe Judith, der Siegerin über Holofernes.« Überall auf ihrem Weg von einem Kerker zum anderen fanden die beiden Märtyrerinnen Gesinnungsgenossen, vornehme Damen und einfache Leute. Denn um Christi willen sich zu erniedrigen, zu dulden, zu leiden, verjagt zu werden, war und ist bis heute in Rußland ein heiliges Vorbild, das Mitleid zugleich und Verehrung erweckt.

Als sich Tausende angesichts drohender Hinrichtung oder Zwangsbekehrung zu Nikons Kultusreformen selbst verbrannten, ermutigte er sie: »Bis zu diesem Ofen ist es schrecklich, aber wenn du in ihn hineingegangen bist, dann hast du alles vergessen. Wenn er anfangen wird zu brennen, wirst du Christus sehen und die Engelmächte mit ihm.« Und er rief: »Wir sind Narren um Christi willen.« Zwischen 1672 und 1697, als die Verfolgungen nachließen, wurden 37 Massenverbrennungen gezählt. Die Mönche des berühmten Soloveckij-Klosters hielten acht Jahre lang der Belagerung stand. Die Gesamtzahl der Opfer der russischen Inquisition wurde auf mehr als zwanzigtausend geschätzt.

Die Altritualisten, die den schrecklichsten Foltern unterzogen und die Tausende von Kilometern weit in die Wälder des Nordens verjagt wurden, stellen das große Heer in jener Tradition der Gewalterdulder in der russischen Geschichte dar, die mit Boris und Gleb begonnen hat und zu denen in unseren Tagen Aleksandr Meñ gehört.

Solschenizyn schrieb vom Wüten gegen zwölf Millionen Menschen, »die nie gemeutert, nie selbst die Waffe als Antwort erhoben hatten«. Verfolgungen, »die uns allen dann die leninschen-stalinschen Atheisten zurückgegeben haben.« Mancher Herrscher sei geneigt gewesen, die Verfolgungen der treuen Untertanen einzustellen, »aber die hohen Hierarchen flüsterten und hetzten«.

Boris und Gleb waren Opfer weltlicher Gewalt gewesen; die Altritualisten hingegen wurden nachweislich, der Erzpriester Aleksandr Meñ vermutlich, Opfer kirchlicher Gewalt.

Der ermordete Erzpriester genießt heute keineswegs nur bei reformfreudigen Orthodoxen hohes Ansehen, vielmehr auch bei den konservativen, sofern sie nicht engstirnige Nationalisten oder Rassisten sind. »Vater Aleksandr war ein bewundernswerter Mann, ein strenger Orthodoxer und zugleich ein Mann der Ökumene«, sagte Aleksandr Rogow, der Kunst- und Musikhistoriker. »Unter allen Geistlichen schätzte ich ihn besonders hoch. Er war sogar mein Beichtvater.« Aus dem Munde des konservativen, altmodischen Intellektuellen gewann ein solches Urteil sein eigenes Gewicht.

Mit Bedacht sprach er von den Altgläubigen nur als Altritualisten, »sie haben sich in den letzten Jahrzehnten gerade dank der Verfolgungen, wo sie sich durch ihre Standhaftigkeit auszeichneten, immer weiter ausgebreitet. Der Protopope Avvakum hat ja gesagt: Wir sterben für einen einzigen Buchstaben.« Niemand vermöchte heute indessen verläßlich zu sagen, wie hoch ihre Zahl ist, neuerdings schließen sich ihnen auch Leute, die gern reich werden möchten, an. Aber die Altritualisten seien leider gegen schöpferische Reformen, meinte Rogow, »und ohne geistliches Schöpfertum kann eine Kirche natürlich nicht leben«. Freilich war Rogow selber auch nicht gerade ein leidenschaftlicher Reformer.

Die Altritualisten haben andrerseits eine Arbeits- und Erwerbsethik entwickelt, die jener der Puritaner ähnlich ist, so daß sie im späten Zarenreich, als Rußland einen gewaltigen wirtschaftlichen Aufschwung nahm, einen Gutteil der reichen Kaufleute und Unternehmer stellten, von denen mancher gleichzeitig ein bedeutender Gönner und Förderer der Künste wurde. So etwa Sawwa Mamontow (1841–1918), eine Art Bismarck unter den Mäzenen, dessen Kraft ausreichte, neben dem Eisenbahnbau und anderen wirtschaftlichen Großunternehmen eine erfolgreiche Privatoper zu organisieren, ungezählte Künstler zu unterstützen, selber Theaterstücke zu schreiben; die Liste seiner Tätigkeiten schien grenzenlos. Um einen Mann seinesgleichen im modernen Europa oder Amerika zu finden, müßte man lange suchen.

Uns fiel es auch schwer, uns vorzustellen, daß es für Rogow ein Pendant im Westen geben könne, so sehr verkörperte er den orthodoxen russischen Gelehrten. Zärtlich und vorsichtig holte er eine Miniatur hinter der Glasscheibe seines Bücherschrankes hervor: »Mein Namensheiliger, Aleksandr Newskij«, sagte er. Der Fürst war stehend abgebildet, eine romantische Figur, gemalt zur Zeit Katharinas der Großen. Bevor er sie zurückstellte, küßte er sie, berührte sie mit der Stirn und schlug das Kreuz.

Aleksandr Newskij, Fürst von Nowgorod (geboren 1220, gestorben 1263), ist der russische Nationalheilige schlechthin, Namensgeber unzähliger Russen, berühmter, mächtiger und unbekannter. In vielfacher Hinsicht entsprach Fürst Aleksandr, der schon bald nach seinem Tode heiliggesprochen wurde, dem Idealbild eines russischen orthodoxen Herrschers, wenn nicht in Wirklichkeit, so in seiner »Vita«, einem bemerkenswerten literarischen Zeugnis des russischen Mittelalters. Milde war er und sanft, almosengebend und fromm, stets beim geistlichen Oberhirten Rat suchend, zugleich ein gewaltiger Kriegsherr, der den orthodoxen Glauben gegen

Rom, das heißt, gegen die Eindringlinge aus Schweden und den Deutschen Ritterorden verteidigte und durch kluge Taktik die großmächtigen tatarischen Oberherrn fernhielt. Dem Papst, der ihm zwei Kardinalgesandte schickte, damit »du ihre Lehre über das Gesetz Gottes hörest«, erwiderte er stolz: »Von Adam bis zur Sintflut ... vom ersten Konzil (Nizäa 325) bis zum siebten (Nizäa 787) – das alles wissen wir aufs beste; aber von euch nehmen wir keine Lehre an.«

Die nie abreißenden Konflikte mit Europa und den Päpsten, welche beharrlich versuchten, ostslawisch-orthodoxes Gebiet für das lateinische Christentum zu erobern und zu unterwerfen, und gleichzeitig die Kämpfe mit den oberherrlichen, gleichwohl religiös toleranten Tataren bestärkten die Russen in ihrem Bestreben, Russentum mit Orthodoxie gleichzusetzen. Zwischen 1228 – Einfall der Mongolen – und 1462 – der Tod des eigentlichen Gründers des Moskauer Staates als territorialer Einheit, des Großfürsten Wassilij II. – mußte das nördliche Rußland 133 ausländische Invasionen erdulden, davon 48 der Tataren.

Vor seinem Tode ließ sich Aleksandr Newskij, als zweiter der russischen Fürsten, zum Mönch scheren und nahm den höchsten Rang ein, das Große Schima.

Wie Kette und Schuß im Gewebe, so sind die Geschichte Rußlands und der orthodoxen Kirchen bis in unsere Tage miteinander verbunden: Die Übersiedlung des Metropoliten im Jahr 1330 von Kiew in das obere Wolgagebiet, zunächst nach Wladimir und 1326 nach Moskau, war die Voraussetzung dafür, daß das Fürstentum Moskau die Suprematie vor den anderen gewann. Die Verjagung des Metropoliten Isidor, nach seiner Einigung mit dem Papst aus Moskau im Jahre 1441, bereitete dessen Anspruch vor, als Nachfolger von Byzanz das »dritte Rom« zu werden. Die Absetzung des Patriarchen Nikon, vielleicht des ehrgeizigsten aller Patriarchen, im Jahre 1666, kündigte die Petrinische Wende an.

In der ersten Hälfte des 17. Jahrhunderts schien sich Rußland zur Theokratie zu entwickeln, die Patriarchen gewannen so starken Einfluß auf Zar und Staatswesen wie nie zuvor und seither in der orthodoxen Welt. Voraussetzungen dafür hatte die Kirche durch ihre Verdienste bei der Rettung des Vaterlandes in der Zeit der Wirren und der polnischen Invasion geschaffen. Boris Godunow hatte 1589, als Regent des schwachsinnigen Sohnes von Grosnij, Zar Feodor (1584–1598), dem als Bittsteller gekommenen Patriarchen von Konstantinopel die Erhebung Moskaus zum Patriarchat abgenötigt. Der herrschsüchtige Vater des ersten Romanow-Zaren, Michail (1613–1645), der Patriarch Filaret, ließ sich zu Recht mit »Velikij Gosudar« (Großer Herrscher) anreden. Nach der damaligen Auffassung der Russen stand an der Spitze ihres Reiches die »gottgewählte und gottweise Zweiheit«, Zar und Patriarch.

Patriarch Nikon wollte diese Doppelherrschaft unter Michails Sohn, Zar Aleksej (1645–1676), wiederherstellen, vom unbedingten Vorrang der geistlichen Macht vor der weltlichen überzeugt. »Es ist vielmehr erwiesen, daß das Priestertum höher ist als das Königtum«, schrieb er einem Bojaren. »Wir kennen keinen anderen Gesetzgeber außer Christus. Der Zar hat uns keine Rechte gegeben, sondern unsere geraubt.«

Welch ein seltsames Gespann: der asketisch strenge Kirchenfürst, Sohn einfacher Bauern, der als Knabe vor den Mißhandlungen seiner Stiefmutter ins Kloster geflohen war, ein Mann von hoher Begabung, stählerner Energie und grenzenloser Herrschsucht, und der lebensfrohe, kräftige Aleksej, der die Falkenjagd und die Künste liebte, die Verbrecher im Kerker besuchte und eine gewandte Feder besaß und von dem ein großer persönlicher Zauber ausging.

Wie sein Vater Michail, war er indessen ein leicht beeinflußbarer, weicher, von religiöser Inbrunst erfüllter Mann, der fünf bis sechs Stunden in der Kirche stand und sich, dem Ritus gemäß, tausend oder anderthalbtausend Male tief verbeugte. Zum Namenstag des Patriarchen kam der Zar mit reichen Gaben zu dessen Palast, die er Stück für Stück von der Eingangstür des Empfangssaales bis zu Nikon am anderen Ende trug. Jedesmal verneigte er sich tief vor ihm, bezeichnete sich als seinen Sohn und übergab das Geschenk. Vom vielen Gehen und Tragen der schweren Gegenstände, so heißt es in einer Chronik, war der Zar müde geworden.

Fast bei jeder Gelegenheit forderte Nikon die volle Unabhängigkeit der Kirche von staatlicher Bevormundung, und schließlich bekämpfte er sogar die Gesetzessammlung des Herrschers, die manche Privilegien der Kirche einschränkte, und bezeichnete sie als »verfluchtes Buch«. Im Kreml mehrte sich die Schar seiner Gegner, und allmählich wurde der junge Zar seiner Herrschsucht überdrüssig. Auf dem sogenannten großen Konzil im Jahre 1666, zu dem die Patriarchen von Antiochien und Alexandrien angereist kamen, wurde Nikon abgesetzt, zugleich wurden die Altgläubigen zur Unterwerfung aufgefordert.

»Seine Niederlage im Kampf mit der weltlichen Macht war vielleicht der wichtigste Markstein auf dem Weg zur vollständigen Unterordnung der Kirche unter den Staat«, urteilt der russische Benediktinermönch und Kirchenhistoriker Johannes Chrysostomus.

Der Cäsaropapismus hatte über die Theokratie gesiegt, nie indessen ging es darum, den Monolithismus durch einen Dualismus zu ersetzen. Im Wettstreit zwischen geistlicher und weltlicher Macht, verkörpert im Patriarchen und im Zaren, der sich durch das 16. und 17. Jahrhundert zog, ging es einzig um den Vorrang, doch wurden beide von derselben, im Orient beheimateten Idee geleitet, dem Regiment Gottes auf Erden. Der Orient hat die Staatlichkeit aus der natürlichen, den göttlichen Mächten verbundenen Wirklichkeit nie herausgelöst.

Die Orthodoxie hat unverändert die Auffassungen des frühen Christentums und der ersten sieben ökumenischen Konzilien bewahrt, sie besaß keinen vertiefenden und umbildenden Augustinus und später keine Scholastik. Im Zentrum steht der Gottesdienst unverändert nach der Liturgie des Johannes Chrysostomus (345–407), nur selten werden Predigten gehalten, das religiöse Eigenleben wird nicht angeregt. Sie hat eine andere Art, von Gott zu sprechen (Theologie), und eine andere Art, vor Gott hinzutreten (Gottesdienst), so formuliert es Abt Weichenrieder vom Kloster Weingarten.

Weil die Orthodoxie den Anfängen des Christentums nähersteht als wir, verfügten ihre besten Köpfe, wie ihre großen Schriftsteller und Religionsphilosophen, in ganz anderer Weise über die Kräfte des Anfanges und umfaßten eine ungeheure geistige Spannweite, über Jahrtausende hin, Abendland und Morgenland vereinend.

Die Russen können noch eschatologisch und kultisch denken, sie sind immun gegen den blanken Rationalismus, die magisch-mystische Komponente wurde bei ihnen weit stärker entwickelt als im romanisch-germanischen Christentum, dem ewigen Gegner.

Adolf von Harnack, keineswegs immer ein sachlicher Betrachter der Orthodoxie, hat in einer eindrucksvollen Studie gesagt, die östliche Kirche des Altertums sei nur Jenseitsanstalt, die westliche Jenseits- wie Diesseitsanstalt gewesen. Daher stehe im Osten das Mönchtum über dem Priestertum, während im Westen das Rangverhältnis umgekehrt sei. Der Weltgeistliche sei im Osten nur in zweiter Linie auch Seelenführer und Seelenrichter, die liturgische Funktion überrage die Funktion des Seelsorgers.

Damit hängt zusammen, daß die dem Christentum immanente und fruchtbare Spannung zwischen Diesseitsgestaltung und Jenseitserwartung in Rußland zu extremen Pendelausschlägen neigt, dazu, das gegenwärtige mögliche Glück der Menschheit entweder der Jenseitsideologie zu opfern, Religion als »Opium des Volkes«, oder dem von den Kommunisten imaginierten Paradies auf Erden. Denn hier traf die westliche Utopie des Marxismus auf die, wie es der Historiker Dimitrij Furman im Gespräch ausdrückte, »große chiliastische Tradition der Russen, daß nämlich nach einer Übergangsperiode das Paradies auf Erden kommt«.

Kirche und Staat

»Während der ganzen Perestroika-Periode, in all den Jahren, hat sich keiner der russischen Bischöfe, mit der einen Ausnahme des Erzbischofs Chrysostomus von Vilnius, für Demokratie und Menschenrechte ausgesprochen; im Gegenteil, einige behaupteten sogar, Menschenrechte seien ein nichtchristlicher Begriff.« Sergej Filatow, Soziologe an der Russischen Akademie der Wissenschaften, dessen Forschungsgebiet Kirche und Religion in Rußland sind, war sich seiner Sache sicher, so sagte er, denn er habe die Reden und Schriften der orthodoxen Hierarchen genau studiert.

»Die Bischöfe hatten Kontakte mit den reaktionärsten Kreisen in Armee, KGB, Partei und Staatsverwaltung«, sagte Filatow, und sah darin eine Bestätigung seiner These, daß die orthodoxe Hierarchie jede Form des Pluralismus fürchte. »Selbstverständlich hatten sie auch Beziehungen zu Pamjat. Und als am 19. August 1991 der Putsch kam, waren sie froh.«

Tatsächlich trafen an den beiden ersten Tagen, als der Putsch erfolgreich zu sein schien, zwei der höchsten kirchlichen Würdenträger mit Putschistenführern zusammen, Metropolit Pitirim mit Innenminister Pugo und Metropolit Juvenali mit Parlamentspräsident Lukjanow. Patriarch Aleksi hingegen weigerte sich, in der Liturgie, wie es üblich ist, die Putschisten als neue Machthaber einzuschließen und damit anzuerkennen.

Kaum habe festgestanden, daß der Putsch als Fiasko und Farce endete, hätten die Bischöfe schnell umgeschaltet, und ein Priester habe im russischen Parlament sogar vorgeschlagen, Jelzin zum Zaren zu krönen.

Die orthodoxe Hierarchie, sagte Filatow, befinde sich geradezu in einem Zustand der Hysterie, ihre ganze Macht ruhe auf dem Staat, für den die Geistlichen beteten und den sie unterstützten. Mit dem Zerfall des sowjetischen Imperiums und seiner Staatsmacht stünden sie vor einem Vakuum und fühlten sich ratlos: »Sie haben Angst. Angst vor dem Katholizismus, Angst vor den Baptisten, die mit Geld um sich werfen, Angst vor der freien Presse, Angst vor dem Westen, Angst vor der Demokratie.«

Erinnert die Situation nicht an den plötzlichen Sturz der Monarchie im Februar 1917? Von einem Bischof jener Zeit wird erzählt, daß er auf die Frage seiner Untergebenen, was man jetzt tun solle, einfach sagte: »Ich weiß nicht, ich weiß nichts! Tut, was ihr wollt!« Noch zwei Tage vor dem Ausbruch der Revolution druckte das Amtsblatt der orthodoxen Kirchen, »Cerkovnyja Vedemosti«, den Aufruf eines Hierarchen an alle Gläubigen ab, sich um das monarchistische Banner zu scharen.

Heute, 75 Jahre später, wünschen sich die Hierarchen eine neue, starke Staatsautorität und eine Staatskirche.

Damit würden sie wieder dem »bösen Schicksal gehorchen«, das der russische Geschichtsphilosoph Pjotr Jakowlewitsch Tschaadajew (1794–1856), ein Freund von Puschkin, gerade in der Übernahme des byzantinischen Modells der Beziehung von Kirche und Staat durch die Kiewer Rus erkannt hat. In der gegenwärtigen Umbruchzeit hat die Russische Orthodoxe Kirche – vielleicht zum erstenmal in der Geschichte – die Möglichkeit, sich diesem Fatum zu entziehen, indem sie ihre Autorität für das andere Modell in die Waagschale wirft: eine freie Kirche in einem freien Staat. Nur die eigene Autorität, die auf der eigenen Kraft der Kirche ruht, keine vom Staat geborgte Autorität, kann die wertstiftende Funktion ausüben, deren die russische Gesellschaft heute so bitter bedarf.

Hierin sah Tschaadajew die Überlegenheit des westchristlichen Modells, in dem sich Kirche und Staat im Laufe der Geschichte als eigenständige, häufig einander bekämpfende Protagonisten gegenübergestanden hatten. »Im Westen ist die Geistlichkeit bemüht, beseelt vom tiefen Gefühl der Unabhängigkeit, die geistliche Macht über die Gewalt zu stellen. In Rußland dagegen herrscht aufgrund der mangelnden kirchlichen Unabhängigkeit eine Ordnung, in der die sittliche Idee nur in dem Maße Autorität genießt, als es die politische Gewalt zuläßt, und in der endlich die Diener dieser Idee an Bewegung und Inspiration fortwährend gehindert werden.« Hundertfünfzig Jahre später pflichtet ihm der Chefredakteur der Zeitschrift »Kommunist«, Arab Ogly, bei: »Im Westen gelang es der geistlichen Macht, die Anschläge der politischen Macht abzuwehren. So konnte die europäische Zivilisation, ungeachtet zeitweiliger Niederlagen, den Gefahren des Totalitarismus und der Theokratie entgehen.«

Tschaadajew, Sproß einer altadeligen Familie, Husarenoffizier, während des Feldzuges gegen Napoleon einige Monate in Schlesien einquartiert, der um einer Kränkung durch den Zaren willen vorzeitig den Abschied nahm und über den sein Freund Puschkin gedichtet hatte: »Ein Brutus wäre er in Rom gewesen und in Athen ein Perikles ...«, dieser Tschaadajew veröffentlichte 1836 den ersten seiner »Philosophischen Briefe«. Das Echo war überwältigend. »Noch nie, seit man in Rußland zu lesen und zu schreiben versteht, hat irgendein literarisches Ereignis, nicht einmal der Tod Puschkins, einen so ungeheuren Eindruck gemacht und eine so weite Wirkung hervorgerufen ... innerhalb eines Monats gab es in Moskau fast kein einziges Haus, in dem man nicht von dem Brief ... gesprochen hätte«, hieß es 1871 im »Vestnik Evropy« (Europäischer Bote).

Auf Befehl von Zar Nikolaus I. wurde der Autor für verrückt erklärt und unter medizinisch-polizeiliche Aufsicht gestellt. »Meine Erkrankung erfolgte am 28. Oktober (1836), folglich bin ich schon drei Monate verrückt«, teilte er seinem Bruder Michail mit.

Zwei Parteien bildeten sich in der russischen Intelligenzija, die Slawophilen, die im Russentum das Heil des Volkes sahen, und die Zapadniki (Westler), die es im Anschluß an den Westen erblickten. Diese intellektuelle Diskussion bestimmte fortan die politischen Auseinandersetzungen im 19. Jahrhundert und setzt sich abgewandelt bis in unsere Tage fort. Heute heißen die Slawophilen Russophile, sie haben sich unwillig mit dem Ende eines Traumes von einer alle Slawen Europas umfassenden Union abgefunden, aber sie sind glühende Nationalisten und Anhänger des Monolithismus, derweil die Zapadniki nicht mehr nach Europa, sondern nach Amerika und Japan blicken.

Ein konservativer orthodoxer Intellektueller wie Aleksandr Rogow lehnt Tschaadajew entschieden ab: »Er ist mir zu katholisch«, sagte er. Freilich ist ihm auch Danilewskij, der wohl bedeutendste Widerpart Tschaadajews, der in den Wintern der Jahre 1865 bis 1867 das Hauptwerk der Slawophilen schrieb, »Rußland und Europa«, nicht nach dem Sinn. Der sei als fanatischer Nationalist »das andere Extrem«.

Tschaadajew hatte der Rivalität von Papst und Kaiser für die Entstehung einer dualistischen und schließlich pluralistischen Gesellschaft entscheidende Bedeutung beigemessen. Eine solche Rivalität und ein Canossa hat es in Rußland nicht gegeben.

Doch ist der Monolithismus nicht von Anfang an das Fatum Rußlands gewesen, vielmehr ist er ein Produkt Moskaus. Vielleicht können wir erst heute, da das alte monolithische System vor unseren Augen zusammenbricht, richtig ermessen, welche Metamorphose Rußland durch die Verlagerung des politischen Schwergewichtes vom Südwesten in die riesigen Wälder des Nordostens erfahren hat, eine Verwandlung, die zunächst ganz allmählich mit der Abwanderung der russischen Massen seit Mitte des 12. Jahrhunderts aus dem von innen und außen zermürbten Dnjeprland einsetzte. Als Metropolit Maxim 1300 seinen Sitz von Kiew nach Wladimir zwischen Oka und der oberen Wolga verlegte und sich als erster den Titel »von ganz Rußland« zulegte, zerbrach die oberflächliche Einheit des Landes, der Südwesten löste sich mehr und mehr vom politischen und geistigen Leben Nordrußlands, das russische Volk zerriß in zwei Teile, und die Hauptmasse, vor dem mongolischen Ansturm aus der Steppe in den Nordosten entwichen, sammelte mit der Zeit neue Kräfte, bis sie als Großrussen die alte Heimat am Dnjepr abermals in Besitz nahm.

Moskaus Fürsten wurden die »Sammler der russischen Erde«, darin vom Metropoliten, der 1326 nach Moskau übersiedelte, nach Kräften unterstützt. Im 15. Jahrhundert verlor die Kirche die zwei Stützen, die ihr bis dahin eine gewisse Selbständigkeit gesichert hatten: Konstantinopel und Sarai, die Hauptstadt der Tataren. Bis 1448 hatte der Patriarch von Konstantinopel den russischen Metropoliten, fast immer einen Griechen, ernannt, was diesem eine gewissen Unabhängigkeit vom Fürsten verlieh; seit 1448 wählte und weihte Rußland seinen eigenen Metropoliten. Das Ende von Byzanz durch die Eroberung der Türken 1453 förderte den Aufstieg Moskaus als führende orthodoxe Macht. Nach dem Rückzug von Khan Ahmad vom Ugra Fluß im Jahr 1480 und dem Zusammenbruch des Reiches der Goldenen Horde erhob sich Moskau zum souveränen Staat. Für die Kirche war es ein gemischter Segen, sie hatte sich unter den religiös außergewöhnlich toleranten Mongolen der Steuer- und anderer Freiheiten und des besonderen Schutzes von Besitz und Personal erfreut, was sie gewaltig stärkte, zumal sich die Zahl der Klöster sehr vermehrte. Nun sah sie sich mit einemmal dem Großfürsten alleine gegenüber.

Die Metropoliten halfen im 15. Jahrhundert mit allen Kräften den Großfürsten von Moskau dabei, ihre Rivalen zu besiegen und die Alleinherrschaft nach der alten griechischen Lehre von der Weltmonarchie und der einen allgemeinen Kirche zu festigen, ohne sich dafür Rechte auszubedingen.

Die Kirche wurde dafür reich beschenkt. Sie besaß um 1600 ein Drittel des gesamten kultivierten Landes. Zugleich war sie das getreue Abbild der hierarchischen weltlichen Gesellschaft, mit einer privilegierten »schwarzen« zölibatären Geistlichkeit, den Bischöfen und Mönchen, und einem klerikalen Proletariat, der »weißen« Geistlichkeit der Weltpriester und ihrer Familien.

In der vormoskowitischen Zeit hingegen, in der Kiewer Rus und in den Teilfürstentümern des Nordens, hatte die Kirche noch eine eigenständige Position besessen, war sie neben dem

Fürsten und seiner Umgebung der zweite wichtige gesellschaftliche Faktor gewesen. Dieses frühmittelalterliche Rußland hatte meist schwache Zentralregierungen, große Besitzungen des Adels herrschten vor, und die Fürsten waren fast ohne Unterbrechung untereinander in Kämpfen verbissen, der Historiker S.M. Solowjow hat ihrer allein zwischen 1228 und 1462 neunzig gezählt. Daher suchten die Angehörigen des Fürstenhauses die Hilfe der Kirche, um die erstrebte Einheit wiederherzustellen, so errang sie den Ruf der großen Friedensstifterin.

»O Fürst«, spricht ein Metropolit zum Fürsten, »wir sind dazu eingesetzt, euch in Rus vom Blutvergießen fernzuhalten.« Ein anderer Metropolit mahnt den Großfürsten Wladimir Monomach (1113–1125), das russische Land nicht durch Bruderzwist ins Verderben zu stürzen: »Solltet Ihr miteinander Krieg anfangen, dann werden sich die Heiden freuen; sie werden unser Land an sich reißen, unser Land, das Eure Väter und Großväter mit großen Anstrengungen und großer Tapferkeit erworben haben.«

Die Kirche bemühte sich außerdem bis zu einem gewissen Grad, die schlimmsten Erscheinungen des politischen Lebens und die Gewalttätigkeit abzuschwächen und zugleich das Niveau der staatlichen Verwaltung zu heben. Unter ihrem Schutz bildete sich eine neue große soziale Schicht. Das waren außer den Geistlichen und ihrem Personal auch bestimmte weltliche Berufe, wie Ärzte, Hebammen, Hostienbäckerinnen, freigelassene Sklaven und das große Heer Notleidender. Die Kirche selber hatte keine Sklaven in Besitz, trat gegen ihren Mißbrauch ein und verkündete, daß auch der Sklave – in der Mehrzahl Kriegsgefangene – ein Mensch nach dem Ebenbild Gottes sei.

»Die russische Kirche war keine Kopie der byzantinischen Kirche, sondern ein eigenes Gebilde, das in mancher Hinsicht eine ähnliche Rolle spielte wie die abendländische Kirche«, so der russische Benediktiner Johannes Chrysostomus in seiner zur Zeit Chruschtschows erschienenen Geschichte der russischen Kirche. Sie fühlte sich noch als Teil der Universalkirche, die Trennung zwischen Rom und Byzanz 1054 blieb für sie bedeutungslos. Diese wurde vermutlich erst im 13. Jahrhundert vollzogen. Eifrig pflegte sie Kontakte, nicht nur mit der griechischen Mutterkirche, die ihr die im Volk meist wenig angesehenen Bischöfe schickte, sondern auch mit dem lateinischen Westen. Das wurde auf weltlicher Seite von zahlreichen Heiraten der russischen Fürsten mit Töchtern westlicher Herrschergeschlechter begleitet.

War die Kirche in der von Fürstenfehden zerrissenen Kiewer Rus die einigende Klammer gewesen, so wurde sie für den Aufstieg Moskaus zur Zentralmacht die unerläßliche Voraussetzung. Die Nachbarschaft von geistlicher und weltlicher Macht verkörperte sich im Kreml, wo der Palast des Herrschers und die Hauptkathedrale ganz Rußlands, die von dem Italiener Aristotele Fioreventi 1475–79 erbaute Mariä Himmelfahrtskathedrale, innerhalb derselben Mauern liegen.

Im Westchristentum wurde hingegen die Eigenständigkeit der geistlichen Macht durch die geographische Entfernung der Kirchenleitung vom Machtzentrum gestärkt, ein Kaiser oder König, der diesseits der Alpen regierte, konnte das Haupt der Kirche in Rom nie in gleicher Weise in den Dienst der eigenen Interessen zwingen wie der Zar die orthodoxe Kirchenleitung.

Ohne diese geographische Entfernung des Oberhauptes der katholischen Kirche wäre der Zerfall des Kommunismus nicht so schnell und sehr viel später erfolgt. Der letzte Präsident des sowjetischen Imperiums, Michail Gorbatschow, ist dafür der beste Zeuge: »Heute können wir sagen, daß alles, was in diesen letzten Jahren in Osteuropa geschehen ist, ohne die Gegenwart dieses Papstes (d.h. des Polen Karol Wojtyla in Rom) nicht möglich gewesen wäre, ohne die große Rolle – auch politisch –, die er auf der Weltbühne zu spielen wußte.« So schrieb er am 3. März 1992 in seinem Artikel für die italienische »Stampa«.

Am Ausgang des 15. Jahrhunderts und zumal im 16. Jahrhundert verschob sich das Gleichgewicht immer mehr zuungunsten der Kirche. Unter Iwan IV. war schließlich die Fürstenmacht so stark zentralistisch gefestigt, daß die geistliche Obrigkeit sich ihr unbedingt fügen mußte.

Allerdings bot sich der Russischen Orthodoxen Kirche noch einmal die Gelegenheit, sich die Gleichberechtigung zu erkämpfen. Wieder war es eine Zeit staatlicher Schwäche, als bald nach dem Tod Iwans IV. innere Zwistigkeiten unter den Russen ausbrachen und gleichzeitig das katholische Polen bis in den Kreml vordrang. Das war die »Zeit der Wirren«, »smutnoe vremja«, zu Anfang des 17. Jahrhunderts. Wie schon im 12. und 13. Jahrhundert, wurde die Kirche die einigende Klammer, der geistige Sammelpunkt der Russen. Das Dreifaltigkeitskloster des Hl. Sergius an der Spitze sicherte durch Jahre die Verbindung Moskaus mit dem übrigen Rußland und wurde zur Retterin Rußlands. So stark sein Ruf bis heute, oder heute wieder, ausstrahlt, und die wachsende Zahl der Wallfahrer beweist es, als politische Kraft ist es völlig bedeutungslos.

Die volle Unterordnung der Kirche unter den Staat brachten erst die Reformen Peters des Großen. Darum sahen viele Geistliche damals in Peter den Antichrist. In einer verbreiteten, bis in die Zeit Peters zurückreichenden, wiederholt neu redigierten »Heiligen Schrift über den Antichrist« heißt es: »Denn Peter der Große, der Vollstrecker der ganzen satanischen Bosheit und des ganzen satanischen Willens, erhob und erhöhte sich über jeden Gott Genannten, über jedes Heiligtum; wie ein Dieb ist er ... auf den allrussischen Thron gekommen.« Doch keineswegs nur für den orthodoxen Klerus, sondern für viele Russen, die von der Geheimpolizei verhört und gefoltert wurden, war Peter die Verkörperung des apokalyptischen Tieres. Peters Reformen waren eine Pseudomorphose, eine Falschbildung; die zweite, mit noch katastrophaleren Folgen, war der Leninismus, und so nimmt es nicht wunder, wenn heute manche radikale Orthodoxe in dem Zaren einen Vorläufer und Wegbereiter des »wirklichen Antichrist« sehen:

Wladimir Iljitsch Lenin. In Tiflis hörten wir an der Universität im Frühling 1990 einen Vortrag des Historikers Goguadse, der mit Hilfe der jüdischen Zahlenkabbala nachzuweisen suchte, daß Lenin in der Tat der Antichrist war.

»Petrinismus und Leninismus bezeichnen den Auftakt und das Finale eines einzigen großen Vergewaltigungsaktes, der an der russischen Seele verübt worden ist. Hierdurch ist in die Entwicklung dieses Volkes ein tiefer und wahrscheinlich unheilbarer Bruch gekommen.« Das schrieb Egon Friedell vor sechzig Jahren, und nichts, was seither geschehen ist, hat seine These ad absurdum geführt.

Die Akten der Geheimpolizei, für deren Einrichtung Peter so viel tat und die seither ein Pfeiler aller russischen Regierungen geblieben ist, ließen keinen Zweifel, konstatierte der Historiker Michail Florinskij, daß die Abneigung gegen den Zaren und alles, was er getan hat, weitgehend von Leuten aus allen Schichten, ungeachtet ihrer religiösen Bindung, geteilt wurde.

Leo Tolstoj wollte einen Roman über Peter den Großen schreiben, fleißig studierte er 1872 und 1873 in Archiven und Bibliotheken Moskaus und versuchte mit Hilfe seiner Großtante, einer Hofdame von beträchtlichem Einfluß, sogar einen Befehl des Zaren zu erwirken, daß man ihm nichts vorenthalten sollte, »denn ohne einen Allerhöchsten Befehl wird man mir die Geheimarchive nicht öffen«. Je mehr er sich in Aktenstücke und Bücher vertiefte, je näher ihm der Zar rückte, desto deutlicher wurde ihm, daß seine Ansicht über die Person Peters der allgemeinen Bewunderung des Zaren als eines großen Reformators völlig widersprach. Nach einer Eintragung im Tagebuch der Gräfin Tolstoj gab ihr Mann am 19. März 1873 den Plan auf und begann sofort die Arbeit an »Anna Karenina«.

Das Überleben der Petrinischen Legende, die auch unter Stalin emsig gepflegt wurde – der Film »Peter der Große« bewies auffallende Ähnlichkeiten in den Methoden der beiden Despoten – ist eine merkwürdige Sache; Generationen von russischen Historikern, mit wenigen Ausnahmen, und Generationen von Dichtern, keiner wirksamer als Puschkin, haben an dieser Legende gewoben. Tatsächlich hat er jedoch das Land durch jahrzehntelange militärische Aktionen erschöpft, einst prosperierende Provinzen dadurch zerstört, dem Volk zermalmende Lasten aufgebürdet und es von einer rohen und korrupten Bürokratie reglementieren lassen. Er dekretierte die Einrichtung von Schulen, doch es fehlten Lehrer, Schüler und Bücher. Die Infiltration westlicher Ideen hatte lange vor Peters Thronbesteigung begonnen, seine Mutter, die Prinzessin Naryschkin, war als Pflegetochter des mit europäischer Kultur gründlich vertrauten Adeligen und Zarenberaters Matwejew aufgewachsen. Selbst wenn man annähme, daß engere Kontakte mit Europa wünschenswert gewesen wären, schreibt Florinskij, gäbe es wenig Beweise, daß die spektakulären Reformen Peters wesentlich zur Beschleunigung dieses Prozesses beigetragen hätten. Sobald die Göttin der Geschichte, die seine Legende so verwöhnt habe, »von der Teilnahme an menschlichen Angelegenheiten ausgeschlossen wird, zerfällt der gebrechliche und phantastische Tempel von Peters Größe in Staub«.

Im Jahr 1721 – Peter hatte gerade den europäischen Kaisertitel angenommen – wurde das Patriarchenamt durch eine kollektive Leitung, den »Heiligsten Dirigierenden Synod« ersetzt, wobei die protestantischen Landeskirchen Europas als Modell dienten. Ein Staatsbeamter, der Oberprokuror, wurde als »Auge des Zaren« zum mächtigsten Mann in diesem Gremium bestellt. Alle Mitglieder des Synods hatten folgenden Eid zu leisten: »Ich bekenne, daß der höchste Richter dieses geistigen Kollegiums unser gnädigster Herrscher und Monarch von ganz Rußland ist.« Das Thronfolgegesetz von 1797 bezeichnete den Zaren als Haupt der Kirche und in der Grundgesetzsammlung des Russischen Reiches von 1832 lautete Artikel 42: »Der Imperator ist als christlicher Herrscher der oberste Schützer und Bewahrer der Dogmen des herrschenden Glaubens, der Erhalter der Rechtgläubigkeit und jeglicher heiliger Ordnung in der Kirche.« Im Bewußtsein der Kirche floß der Wille des Kaisers mit dem Willen Gottes zusammen. Ihre Rolle als unabhängiger Mahner in Staat und Gesellschaft, die sie unter Peters Großvater und Vater, bis zum Sturz Nikons, noch einmal ausgeübt hatte, büßte sie in den 200 Jahren der Synode völlig ein.

Als nach der Februar-Revolution 1917 die Kirche von den staatlichen Fesseln befreit wurde, versuchte sie sogleich, ihre eigenen Strukturen wiederherzustellen, nicht ahnend, daß sie in ein aussichtsloses Rennen mit den Bolschewiken verstrickt war. Am 15. August 1917 trat in Moskau ein allrussisches Konzil zusammen, das am 5. November, nach fast 200 Jahren Sedisvakanz, den Moskauer Metropoliten zum »Patriarchen Moskaus und ganz Rußlands« wählte. Bei seiner Inthronisation in der Mariä-Himmelfahrtskathedrale im Kreml am 21. November, wo die orthodoxe Kirche noch einmal allen Prunk und Reichtum ihrer Tradition entfaltete, wurde Tichon vom ältesten Metropoliten, und nicht, wie es unter den Moskauer Zaren Brauch gewesen, von einem Vertreter der weltlichen Macht, der Bischofsstab des ersten, 1326 gestorbenen Moskauer Oberhirten überreicht. 74 Jahre mußte die Kirche warten, bis sie wieder in derselben Kathedrale im Kreml eine Zeremonie feiern durfte.

Das Konzil tagte, ungeachtet des um ihn wütenden Bürgerkrieges, noch einige Monate weiter und faßte Beschlüsse, die zwar weniger wert waren als das Papier, auf dem sie gedruckt wurden, gleichwohl vielen der heutigen Bischöfe wünschenswert erscheinen. Etwa jener Beschluß, der verlangt, daß die wichtigen Staatsträger orthodoxen Glaubens sein müssen und der orthodoxen Kirche grundsätzlich der Vorrang vor den anderen Konfessionen gebühre.

Nachdem es den Bolschewiken nicht gelang, die Kirche auszurotten, reglementierten sie ihre Angelegenheiten bis ins kleinste, infiltrierten den Klerus durch die Geheimpolizei und unterdrückten erbarmungslos jeglichen Widerstand. Trotz aller Kirchenkämpfe und grausamer Verfolgung von Geistlichen war in den zwanziger Jahren noch ein relativ reges religiöses Leben möglich gewesen, sogar öffentliche Dispute zwischen Atheisten und Christen. Erst das Religionsdekret von 1929 »Über die religiösen Vereinigungen« schien das Ende der Russischen Orthodoxen Kirche herbeizuführen. Es kam noch schlimmer, die Stalin-Verfassung von 1936 reduzierte die »Freiheit der religiösen Bekenntnisse« auf die »Freiheit der Ausübung religiöser Kulthandlungen« und verstärkte die atheistische Propaganda. Täglich wurden mehr Kirchen geschlossen und wuchs die Zahl der verhafteten Bischöfe, Priester und Gläubigen.

Der Staat übernahm die Rolle der Kirche, mit seinen eigenen Dogmen, Liturgien und Riten, Hymnen, Heiligen und Wallfahrtsorten. »Jede Ideokratie«, schrieb der russische Religionsphilosoph Nikolai Berdjajew in den dreißiger Jahren, »faßt den Staat als Kirche auf und schreibt ihm kirchliche Funktionen zu.« In einer Gesellschaft mit einer so langen Tradition des Monolithismus wie der russischen stieß diese Verwandlung auf relativ wenig Widerstand.

Schon seit den Tagen der Revolution wurde Lenin Allwissenheit und die Gabe der Prophetie angedichtet: »Sein Blick durchdringt Jahrhunderte ... Zwiesprachen mit seinem Bild ähneln den Gebeten vor dem Kruzifix und der Ikone ... nicht mehr Christi Geburt ist der Wendepunkt der Weltzeit, sondern derjenige Lenins, der tatgewordenen Offenbarung.« Ehrfürchtig wird Lenin, an Gottes Stelle getreten, mit Vater und einem ER besungen.

Verfolgung und Verstrickung

Am 25. Januar 1992 erschien in der vielgelesenen Zeitschrift »Ogonjok« ein Artikel über die orthodoxe Kirche, in der drei ihrer mächtigsten Kirchenfürsten, die Metropoliten Pitirim, Filaret (Kiew) und Juvenali – eben jener Juvenali, der das

Totenamt für Vater Aleksandr Meñ zelebriert hatte – namentlich beschuldigt wurden, unter den Decknamen Abat, Antonow und Adamant seit Jahren und bis heute für den KGB zu arbeiten.

Aleksandr Njeshni, der Verfasser des Artikels, ist ein großer, sportlicher, schwerer Mann, mit dichten schwarzen Haaren und riesenhaften Brillengläsern, der mit seinen Enthüllungen beträchtlichen Mut bewiesen hatte. Gerade hatten ihn Freunde aus Kiew gewarnt, Metropolit Filaret und dessen Lebensgefährtin, Ewgenia Petrowna, hätten keine moralischen Bedenken, »einen Killer« auf ihn anzusetzen. Das mag übertrieben sein; immerhin zeigt er uns einen dreizehn Seiten langen Brief eines gewissen Brazhnik aus Kiew an »Ogonjok«, ehedem hoher Parteifunktionär, in dem es hieß, Andersgläubige und Andersvölkische, wie der Jude Njeshni (der er nicht ist), dürften sich nicht eines Urteils über die orthodoxe Kirche und ihre Bischöfe anmaßen. »Sie haben ein Sakrileg begangen und verdienen den Tod.«

Wochenlang forschte er im Archiv des KGB, dank einer persönlichen Erlaubnis von KGB-Chef Bakatin. Er konzentrierte sich da ganz auf die Akte der orthodoxen Kirche. Man könne sich gar nicht vorstellen, erzählt er, wie mühsam die Arbeit sei, welches Chaos in dem Archiv herrsche, wie schlecht organisiert, unübersichtlich und technisch überholt es sei.

Njeshni war uns als tiefreligiöser Mann geschildert worden, der über die Interna der Kirche hervorragend informiert sei, indessen ein wenig zur Gefühlsseligkeit neige.

»Die Lüge in der Kirche muß demaskiert werden«, sagt er. »Wenn Patriarch Aleksi die Kirche nicht reinigt, ist seine eigene Position gefährdet.« In den Kanones (Richtlinien) der Russischen Orthodoxen Kirche heiße es, wenn ein Bischof seine Ernennung der weltlichen Macht verdanke, müsse er abtreten. Es gehe hier nicht einfach darum, wie weit die Hierarchie im Dienst des KGB gestanden sei, es gehe um sehr viel mehr: »Die Gesundung Rußlands ist ohne die Gesundung der Kirche nicht möglich. Wie aber soll die Kirche gesunden, wenn wir keine besseren Bischöfe bekommen? Wo aber gibt es Mönchspriester, und nur diese dürfen Bischöfe werden, die den heutigen Aufgaben gewachsen sind?«

Pessimistisch meint er, die Kirche sei zu dieser Reinigung und Gesundung weder willens noch in der Lage. »Wir können nur auf Gott vertrauen, nur Gott kann es bewirken, wir hoffen auf die Vorsehung.«

Für das »Martyrium der Lüge«, mit dem einige Kirchenfürsten die Zusammenarbeit der Kirche mit dem kommunistischen Regime als Leidensweg darzustellen suchen, hat Njeshni nur Geringschätzung, ja Verachtung übrig. Doch gesteht er zu, man dürfe die orthodoxen Priester keineswegs pauschal bezichtigen, man müsse sehr vorsichtig sein, jeder Geistliche habe sich in einer anderen Situation befunden, die einen hätten tatsächlich ihre Karriere mit Hilfe des KGB gemacht, andere hingegen hätten darunter sehr gelitten.

Er erzählt von einem Mann, der sich sein Priesteramt schlichtweg gekauft hatte. Empörte Mitglieder der Pfarrgemeinde schleppten ihn schließlich, da ihre Proteste nichts gefruchtet hatten, persönlich zum Bischof und verlangten dort, er solle das Vaterunser aufsagen: er kannte es nicht. Von dieser Sorte gebe es leider eine Menge.

Erinnerung und Reue, sagt Njeshni, dessen bedürfe die Kirche nun, ohne sie sei an eine moralische Gesundung nicht zu denken. »Das sogenannte Martyrium der Lüge darf nun nicht fortgesetzt werden in einem Martyrium der Unbußfertigkeit.«

Die Geschichte der orthodoxen Kirche in den 74 Jahren kommunistischer Herrschaft ist die Geschichte ihrer Verfolgung und zugleich ihrer Verstrickung, beide sind nicht voneinander zu trennen. Auffallend die Parallelen zum Schicksal der katholischen Kirche in Frankreich während der Revolution.

Die Bolschewiken haben sich in ihrem Bestreben, Kirche und Glauben auszurotten, an das Erbe der französischen Aufklärung und bis in Einzelheiten an das Vorbild der Französischen Revolution gehalten. Der Theologe Martin George von der Universität Erlangen hat die Parallelen untersucht. Das fing mit dem Dekret vom 23. Januar 1918 über die Trennung von Kirche und Staat an, setzte sich mit der Verfolgung der nicht fügsamen Priester fort, betraf die Beschlagnahme des gesamten Kirchenvermögens, schlug sich in der Massenpropaganda des »Gottlosenverbandes« nieder. Die Führer der Oktoberrevolution betrachteten die Jakobiner als die Bolschewiken des 18. Jahrhunderts, »für Lenin und Trotzki war diese Analogie bestimmend für ihre Organisation und Legitimation des roten Terrors«; und Lenin rühmte bereits 1921 in einer Bilanz der »Reinigung« der russischen Gesellschaft von den Relikten der Vergangenheit die Oktoberrevolution als gründlicher und erfolgreicher als die Französische Revolution und den Bolschewismus als Erfüller des Jakobinismus. Die Zahl der Opfer zwischen 1917 und 1941 überbot die der Französischen Revolution bei weitem: 28000 bis 50000 russische Kleriker ermordet, verglichen mit zweitausend französischen.

»Die Bolschewiken waren ja keine Idioten«, urteilt Vater Vitali Borovoi, eine graue Eminenz im Patriarchat. »Verbrecher, ja, das waren die Bolschewiken, aber eben auch geniale revolutionäre Organisatoren, Lenin an der Spitze.« Als die im Winter 1917 die Macht ergriffen, hätten sie an vielen Fronten gegen viele Feinde ums Überleben kämpfen müssen, und es wäre politisch und diplomatisch unklug für sie gewesen, gleichzeitig auch gegen die Kirche vorzugehen.

Die Taktik der Bolschewiken in den ersten Jahren nach der Revolution lasse sich, so fährt Pater Vitali fort, in drei Worten formulieren: »Divide et impera, teile und herrsche.«

Nach der niedergeschlagenen Revolution von 1905 hätten sich in der orthodoxen Kirche Kräfte geregt, die auf eine Reform an Haupt und Gliedern drängten. Als der Zar im März 1917 gestürzt wurde und zunächst eine bürgerliche Regierung an die Macht kam, glaubten die leidenschaftlichen Befürworter der Reform, nun sei die Stunde für sie gekommen. »Ein Konzil wurde einberufen.«

Vitali macht eine kleine Pause, selten genug, denn seine Rede fließt dahin wie ein reißender Bergbach. »Und es gab in der Kirche, genauso wie in der Politik und überhaupt im Leben, es gab Abenteurer.« Und er erzählt, wie die Bolschewiken die »Erneuerer«, eine Gruppe nannte sich »Die lebende Kirche«, unterstützten, wie der berüchtigte und überragend intelligente Gründer der Geheimpolizei, der GPU, der Pole Dscherschinski (dessen Statue im Zentrum Moskaus vor dem KGB-Gebäude im August 1991 vor dem Fernsehpublikum der Welt gestürzt wurde), sie, allerdings mit wenig Erfolg, zu einer Gegenkirche aufzubauen suchte, wie er die einen gegen die anderen ausspielte, bis schließlich alle gepackt und nach Sibirien befördert wurden. Das Wort »Erneuerung« sei damit für unabsehbare Zeit völlig diskreditiert worden.

Auf gar keinen Fall dürfe der Begriff »Erneuerung« (in Russisch »obnovlenie«) für die Wiedergeburt der orthodoxen Kirche abermals verwendet werden, beharrte auch Aleksandr Rogow, er schlage statt dessen vor, daß man von »Gesundung« (in Russisch »ozdorovlenie«) spreche.

So gerät denn die Reform, bevor sie auch nur den winzigsten Keim zeigt, bereits in den Sog der Vergangenheit. Vielleicht gibt es keine andere Kirche auf Erden, die ähnlich belastet ist, gleich einem Manne, an dessen Füßen schwere Bleikugeln hängen, so daß er sich nur Schritt um Schritt und unter Qualen voranschleppen kann.

Rogow, mehr der Erscheinung denn den Jahren nach ein alter Mann, zeigte uns schon beim Empfang in seiner für Moskauer Verhältnisse großen Wohnung ein Beispiel. Auf unsere Frage, wann sie gebaut worden sei, so offensichtlich von besserer Qualität als die Nachkriegsbauten, erwidert er: In den dreißiger Jahren unter Stalin. Die Wohnung sei schön, aber er könne sich darin nie richtig wohlfühlen, ihn plage das Gewissen. »Wir sitzen auf geweihtem Boden. Hier stand früher eine Kirche. Unter Stalin wurde sie abgerissen, um an ihrer Stelle dieses Wohnhaus zu errichten.«

Für Rogow jedoch war, im Gegensatz zur herkömmlichen

Meinung, die schwerste Zeit für die Kirche nicht unter Stalin gewesen, der sich ja später ihrer zu patriotischen Zwecken im »Großen Vaterländischen Krieg« bediente. »Am schlimmsten von allen Bolschewiken hat Chruschtschow gegen die Kirche gewütet.« Die unter ihm wieder einsetzende Verfolgung habe die Kirche um zwei Drittel ihrer seit dem Krieg wieder in Betrieb genommenen Institutionen beraubt. Sein Sturz 1964 erleichterte ein wenig die Situation der Kirche.

Wie groß die Opfer und Zerstörungen waren, welche die Kirche unter den Bolschewiken erlitten hat, wird nie genau zu bemessen sein. 1939 waren in der Sowjetunion weniger als tausend der 40000 orthodoxen Kirchen von 1920 noch geöffnet. 1941 waren nur noch etwa fünf Prozent der 60000 orthodoxen Priester von 1930 tätig, vor dem Ersten Weltkrieg waren es 70000 gewesen. Die Geistlichen waren entweder in Lager verbracht worden, wo unzählige verschollen sind, oder hielten sich verborgen.

Jede Woche werde jetzt, sagt Rogow zufrieden, eine Kirche in Moskau neu eröffnet, Ende 1991 gab es bereits wieder 185, und jeden Tag werde irgendwo in Rußland eine Kirche wieder in Betrieb genommen.

Reformierbarkeit

»Die Russische Orthodoxe Kirche ist nur von unten her zu reformieren«, sagt die eine Stimme. »Sie ist nur von oben zu reformieren«, sagt die zweite Stimme. »Sie ist ihrer Natur nach unveränderbar, sie ist die einzige rechtgläubige, die ursprüngliche alte christliche Kirche«, sagt die dritte Stimme. Es gibt schließlich ein paar sich besonders klug Dünkende, die Vergleiche mit der Kommunistischen Partei ziehen: Sei diese nicht zugrunde gegangen, als Gorbatschow glaubte, man könne sie reformieren? Sie verkennen, daß die KPdSU, historisch gesehen, ein kurzlebiges, gewissermaßen ephemeres

Phänomen gewesen ist, wenngleich aus demselben russischen Boden gewachsen.

Im Zentrum der Russischen Orthodoxen Kirche, in den weißen Mauern des mittelalterlichen Danilow-Klosters, wo seit der Befreiung der Kirche das Patriarchat residiert, hat einer seiner klügsten und welterfahrensten Köpfe eine sehr entschiedene Meinung: »Wir sind rückständig, das ist unsere Sorge und Schande«, erklärt Erzpriester Professor Vitali Borovoi. Vater Vitali, Architekt der ökumenischen Beziehungen der Kirche seit beinahe vierzig Jahren, könnte einem Velazquez Modell gestanden sein, ein eleganter Herr von 72 Jahren, der weiße Kinnbart gestutzt, eine hohe Stirn, von großer intellektueller Beweglichkeit, die sich in seinen Zügen und Gesten niederschlug. Nur selten stockt sein Redefluß, wobei unklar bleibt, ob er, der sorgsam wägende Diplomat, das präzise Wort sucht, den Faden verliert oder an einer leichten, durchaus grazilen Sprachhemmung leidet. »Wir sind rückständig«, wiederholt er seine Feststellung, um keinen Zweifel an seiner Meinung aufkommen zu lassen. »Im 19. Jahrhundert hätten wir die Möglichkeit zur Reform gehabt, und viele unserer großen Denker und Dichter haben über diese Notwendigkeit geschrieben. Aber nichts geschah, alles war und blieb nur Liturgie und Ritualisierung. Unter den Bolschewiken war das allerdings unsere Stärke, mit den fanatischen Ritualisten hatten sie es am schwersten.«

Aber was in den Zeiten der Unterdrückung, Gefahr und Not gut war, ist nicht gut in der Freiheit. Man könne dieses Phänomen auch in der Natur finden, setzte uns ein andermal Vater Aleksandr Borisow auseinander, der ursprünglich, wie der mit ihm befreundete Aleksandr Meñ, Biologe gewesen ist. »Die russische Kirche hat die 74 Jahre Kommunismus überlebt«, sagte er, »weil sie so streng formal, ritualistisch, ganz konservative Tradition war. Aber wie es die primitiven Organismen sind, gewisse Insekten etwa, die in der Polarkälte am besten überleben, jedoch in der Sonnenwärme verkümmern, so ist es auch mit der Kirche in der Freiheit.«

Wie soll die Kirche die gewaltigen existentiellen Probleme lösen helfen, denen sich heute Rußland, der einzelne Mensch wie die Gesellschaft, gegenübersehen, und zwar auf lange, noch gar nicht absehbare Zeit?

»Die Priester können gut Gottesdienst zelebrieren, aber sonst können sie herzlich wenig«, sagt Vater Vitali. »Die Predigten, die sie halten, hätte man genausogut im 4. Jahrhundert halten können, und ebensogut im damaligen Syrien.« Erziehung und Bildung würden ebenso vernachlässigt wie die Ausbildung des Klerus. Von morgens bis abends seien die Priester beschäftigt, mit der Liturgie, mit Taufen, Trauungen, Begräbnissen und vor allem unzähligen speziellen, bestellten Andachten. »Die Liturgie dauert bei uns zwei Stunden. Und bei der katholischen Kirche? Da heißt es: missa est, und Schluß. Dann kann sich der Priester anderen Aufgaben widmen.«

»Aber das Volk will es so, das Volk liebt die Liturgie und den Ritus. Da bestellt die alte Frau dreißig Andachten, für alle Kinder und Enkel und Geschwister und Geschwisterkinder und Patenkinder usw., immer an verschiedene Heilige adressiert. Da stehen sie hinten in der Kirche wie Tiger und Löwen und geben genau darauf acht, daß der Priester da vorne nicht einen Namen ausläßt, wehe ihm.«

Vater Vitali seufzt: »Wir brauchen die Erneuerung.«

Die katholische Kirche habe die Kraft zur Erneuerung gefunden, »wir fanden sie nicht. Wir waren immer weniger aktiv und sind weniger aktiv geblieben.«

Die katholische Kirche habe mehrere wirksame Reformen vorgenommen, führt er weiter aus, wie das Konzil von Trient im 16. Jahrhundert und das 2. Vatikanum in unserem Jahrhundert. Unterdessen seien alle Reformversuche der Russischen Orthodoxen Kirche gescheitert, entweder an der Hartnäckigkeit, mit der das Volk an den alten Bräuchen festhielt, oder an der Staatsräson, die die Kirche nicht aus ihrer Kontrolle entlassen wollte.

Der erste Reformversuch fiel in die Regierungszeit Iwans IV., der nicht nur ein grausamer, sondern auch tiefreligiöser Herrscher war, von umfassender theologischer Bildung. Seine Briefe an seinen früheren Günstling und späteren Feind, den Fürsten Kurbskij, geschrieben zwischen 1564 und 1579, strotzen vor geistlichen Formeln, vor Bibel- oder Kirchenväterzitaten, die Sprache Christi ist für die Dinge des Alltags gebrauchsfähig, Sünde und Glaube sind nahe beieinander wie Hemd und Hose. Um die russische Kirche von gewissen Mißständen zu befreien, die Bildung der Geistlichkeit anzuheben und die Orthodoxen zu größerem religiösen Eifer anzuspornen, rief der Metropolit Makarij (1542–1563), eine der bedeutendsten Persönlichkeiten der russischen Kirchengeschichte, eine Synode ein, die den Namen »Stoglav«, Hundertkapitelsynode, erhielt. Im Namen des Zaren wurden, vermutlich von Makarij, eine Reihe von Fragen formuliert, die einer drastischen Verurteilung des Klerus und der Klöster gleichkamen: Unbildung, Machtmißbrauch, Trunkenheit, Gleichgültigkeit für die Leiden der Armen, Unkenntnis der kirchlichen Pflichten usw. Tatsächlich hat die Synode vor allem das Bartscheren und Tragen von Tatarenkleidern, wie es dazumal die Bojaren liebten, aufs schärfste verurteilt, ja, einem Bartlosen wurde sogar das Begräbnis verweigert. Genau festgelegt wurden die Formen des Gottesdienstes und das Kreuzzeichen mit zwei Fingern. Zweifellos war die Synode ein Triumph des Russentums: Alles, was russischem Brauchtum entsprach, wurde als rechtgläubig angesehen, alles, was fremd war, als ketzerisch und gottlos betrachtet. Die Hundertkapitelsynode ließ die Kirche in derselben Position wie vorher, ohne jegliche praktische Ergebnisse, sie blieb ein rein »historisches Dokument«, urteilte der Kirchenhistoriker Golubinskij, obwohl ein Bewunderer Makarijs.

Die großen Reformen Alexanders II. – Aufhebung der Leibeigenschaft 1861, Gerichtswesen, Universität, Lokalverwaltung – als Folge der von Europa im Krimkrieg zugefügten Niederlage, die die russische Gesellschaft und Wirtschaft in kräftige Bewegung brachten, fanden keinerlei Echo in Reformen der

Kirche, ein Beweis ihrer Entmündigung. Die Ermordung des Zaren durch radikale Studenten 1881 führte zu einer neuen Verhärtung des autokratischen Systems, das seine Verkörperung in Konstantin Petrovitsch Pobedonoscew (1827–1907) erlebte, der ein Vierteljahrhundert, von 1880 bis 1905, als Oberprokuror des Heiligen Synods der nächst dem Zaren mächtigste Mann des Reiches war, ein tiefgläubiger orthodoxer Christ, von Beruf Universitätsprofessor, Enkel eines Geistlichen.

Als sein Gönner einem Attentat zum Opfer fiel, stand für den Oberprokuror fest: Nicht westliche demokratische Reformen können Rußland retten, sondern die Festigung der Staatsmacht nach dem Motto: »Selbstherrschaft (des Zaren), Rechtgläubigkeit und Volkstum.«

In dem Vierteljahrhundert seiner Amtsführung bediente er sich verschiedener administrativer Praktiken zum Zwecke totaler Staatsaufsicht, die nach der Oktoberrevolution die kommunistischen Kirchensekretäre zur Reglementierung und Bekämpfung der Kirche übernehmen konnten: Von besonderer Bedeutung für die Bischofsernennung war der Eindruck, den der Kandidat auf das staatliche Kirchenamt machte. Schuf ein Bischof ein enges Vertrauensverhältnis zu Klerus und Volk, machte er sich verdächtig; dieser Gefahr begegnete man durch Versetzung. Pobedonoscew nahm 48 Versetzungen vor. Damit verletzte er die durch orthodoxe Tradition geheiligten Beschlüsse der Konzile von Nizäa 325 und Chalcedon 451, wonach ein Bischof mit seiner Diözese in einem eheähnlichen Verhältnis verbunden ist. Im Grunde bewies der fromme Oberprokuror, daß die Staatsräson oberstes Kriterium seines Handelns war und nicht kirchliche Tradition.

Pobedonoscew, der Lehrer der beiden letzten Zaren Alexander III. und Nikolaj II., wurde zum Inbegriff der autokratischen Idee, Feind jeglicher Freiheit, gleichwohl eine der bedeutendsten Gestalten der russischen Kirchengeschichte, ein überragend gebildeter und kluger Mann, redlich und unbestechlich, voller Widersprüche, ein glühender Patriot, der an der orthodoxen Kirche besonders lobte, daß sie den Russen half, Russen zu bleiben. »Grauenhaft ist der Gedanke, was bei uns entstehen könnte, wenn uns das Schicksal die verhängnisvolle Gabe eines allrussischen Parlaments bescheren würde! Niemals!« bemerkte er 1896 zu den Bestrebungen, ein solches einzuberufen.

Alljährlich zog er sich für einige Zeit in ein Kloster zurück und lebte dort als Mönch unter Mönchen in Kasteiungen und Gebetsübungen. Auf den glänzenden Festen am Hof fiel inmitten der goldbestickten Uniformen der Herren und der mit Perlen und Diamanten geschmückten Damen in seidenen Abendkleidern ein hagerer Mann in einem schlecht sitzenden, einfachen Uniformfrack auf, der durch eine große Hornbrille auf dem glattrasierten Gesicht mit mürrischem Hochmut auf das eitle Treiben herabsah. Sein geliebtes Rußland erschien ihm als Eiswüste, in der ein Bösewicht umgeht, und vom Volk meinte er verächtlich, es verstehe absolut nichts vom Gottesdienst, »nicht einmal das Gebet des Herrn«.

Pobedonoscews Rücktritt nach der Annahme der ihm verhaßten konstitutionellen Verfassung 1905, machte den Weg für die Vorbereitung eines seit langem geforderten Landeskonzils frei, denn der Geist der Neuerung, der seit den sechziger Jahren des 19. Jahrhunderts Politik, Gesellschaft und Wirtschaft in gärende Bewegung gebracht hatte, hatte inzwischen auch die Kirche ergriffen. In den Jahren 1902 bis 1907 entfaltete sich eine Diskussion, wie sie die russische Kirche nie vorher und nie seither erlebt hat und an der von der Landgeistlichkeit bis zum Metropoliten von Petersburg alle Kreise des Klerus teilnahmen. Man wollte tatsächlich eine Reform an Haupt und Gliedern, größere Unabhängigkeit vom Staat, jedoch keine vollständige Trennung, Teilnahme von Laien und weißer Geistlichkeit an den Entscheidungen der Kirche, Wahl der Priester durch ihre Gemeinden, der Bischöfe durch Klerus und Laien, die Wahl eines Heiligen Synods und unter Umständen eines Patriarchen durch Bischöfe, Weltpriester und Laien gemeinsam, eine Umgestaltung des Schulwesens und anderes. In einer Befragung sprach sich die Mehrheit der Bischöfe für eine Reform gemäß des konziliaren Strukturprinzipes (»sobornoe natchalo«) der Kirche aus, demgemäß das gesamte Kirchenvolk an der Gestaltung der kirchlichen Angelegenheiten zu beteiligen sei.

Der Religionsphilosoph Sergej Bulgakow, ein Marxist ab ovo, der nach der Oktoberrevolution ins Exil ging, entwarf den Plan eines »Bundes der christlichen Politik« und forderte die Sozialisierung der Produktionsmittel. 1905 schlossen sich in Petersburg Geistliche zur »Gruppe der 32« zusammen, die eine Einschränkung der bischöflichen Gewalt und eine schnelle Regelung des Landproblems der Bauern verlangte; es gab auch andere Ansätze eines christlichen Sozialismus.

Ein Ukas des Heiligen Synod beendete am 15. Dezember 1906 die verheißungsvollen Arbeiten der Vorbereitungskommission. All dies fiel den Repressionen nach 1907 zum Opfer. Altritualisten und evangelische Erweckungsbewegungen wurden wieder verfolgt und damit Millionen vor den Kopf gestoßen. Statt weiter für Reformen zu kämpfen, ermutigte die Kirche die Zusammenarbeit mit rechtsextremistischen Gruppen, die später Lenin den Vorwand lieferten, seinerseits den Klerus rücksichtslos zu verfolgen, und die Kirchenzeitungen strotzten vor antisemitischen Hetztiraden. Die reformfeindliche Politik des letzten Jahrzehnts vor der Revolution schwächte weiterhin die Autorität der Kirche in der Gesellschaft und verschärfte die innerkirchlichen Spannungen.

»Das Material der Vorbereitungskommission füllt sieben dicke Bände«, erzählt Vater Vitali, leidenschaftlich hätten sich die Reformer für die Erneuerung der Kirche eingesetzt »und als die Revolution kam, waren sie bereit. Aber die Theologen und Historiker, das ist eine Sache, das Volk ist eine andere, und das Volk war auf die Reform nicht vorbereitet. Das Volk will das Gewohnte, will keine Änderung, nicht die kleinste, will, daß alles so bleibt, wie es immer gewesen ist.«

Was Vater Vitali nicht wahrhaben will, war die äußerste Gleichgültigkeit, mit der das russische Volk die kirchenfeindliche Politik der Bolschewiken hinnahm. 1918 schrieb der Slawophile Vasilij Rozanow: »Der Übergang zum Sozialismus und damit auch zum Atheismus reinster Prägung ist bei den Bauern und Soldaten so leicht vonstatten gegangen, als ob sie in die Badestube gegangen wären und sich mit frischem Wasser übergossen hätten.«

Das umfangreiche Material von 1905/6, das vom Heiligen Synod unter Verschluß genommen wurde, diente dem Allrussischen Konzil von 1917 als Grundlage seiner Beratungen. Nur so war es möglich, in verhältnismäßig kurzer Zeit wichtige Reformbeschlüsse zu verabschieden. Die Bolschewiken machten sie zur Makulatur.

»Nach dem Zweiten Weltkrieg war an Erneuerung gar nicht zu denken«, sagt Vater Vitali, »hatte doch die orthodoxe Kirche dafür gelitten, hatten Tausende und Abertausende Geistliche das Märtyrertum erduldet, um die heilige Tradition zu bewahren.«

Heute aber sei die Situation völlig anders. »Für uns ist die Frage der Erneuerung eine Frage: to be or not to be. Die Gesellschaft ist erwacht, sie hat Erwartungen. Die Jugend ist nicht humanistisch ausgebildet, sondern in den Naturwissenschaften. Darauf muß sich die Kirche einstellen. Es ist das für die Kirche eine Frage auf Leben und Tod. Wir sind an einem ...«, er sucht nach dem rechten Wort und benutzt dann das englische »deadlock«.

Ob viele Bischöfe des Vaters Vitali dezidierte Meinung, »entweder man erneuert sich, oder man tritt von der Bühne ab«, schätzen oder gar teilen, ist zweifelhaft.

Pessimistisch äußerte sich Njeshni, der Publizist: »Die Hierarchie macht nicht die kleinsten Schritte zur Reform, ihr Ideal ist: Es soll so bleiben, wie es heute ist. Die Reform muß von unten kommen.«

Noch konkreter drückte sich der junge Redakteur einer von der Russischen Bibelgesellschaft herausgegebenen Zeitschrift aus: Die orthodoxe Kirche sei als Institution viel zu rigide, um zu einer Reform willens und fähig zu sein. Der einzige Weg sei es, Gruppen zu schaffen, die das Aggiornamento – er verwendete das italienische Wort – betreiben, die Sammlung von Gläubigen in kleinen Gemeinden im ganzen Lande, die nicht so tief in der Vergangenheit und der formalistischen Tradition verwurzelt seien.

»Nicht die Personen sind wichtig«, ergänzte ihn Vater Aleksandr Borisow, »sondern die Art des Denkens. Wir brauchen ein modernes Denken.« Zwei wichtige Probleme, die er anführen wolle, seien die Feindschaft gegen die Ökumene und der Antisemitismus, der sei in der Kirche und unter Gläubigen noch stärker als in anderen Kreisen. Neulich habe er in der Universität einen Vortrag über die Ökumene und die Aufgaben der Kirche in der modernen Zeit gehalten. Als er ihn beendet hatte, sei ein Bursche von etwa siebzehn Jahren aufgestanden und habe in heftigem Ton erklärt, der einzig richtige Weg für Rußland sei die Monarchie, die Juden, die Freimaurer, die Häretiker und die Ökumeniker seien gefährlich und Rußlands Feinde. Darauf hätten viele aus dem Publikum Beifall geklatscht.

Die Bischöfe und die konservativen Orthodoxen, so meinte er, wollten die Kirche des 19. Jahrhunderts wiederherstellen.

Rogow hingegen vertrat die Gegenthese: »Die Gesundung der Kirche, und ich sage Gesundung und nicht Erneuerung, kann allein mit Hilfe der Hierarchie geschehen. Man darf nicht im Gegensatz zur Hierarchie handeln, die in der apostolischen Nachfolge steht. Den Bischöfen muß man sich unterordnen.«

Gewiß, auch so mancher der Bischöfe habe seine menschlichen Schwächen. »Mein gleichaltriger Freund«, und er nannte den Namen eines der mächtigsten Metropoliten, »ist ein großer Frauenfreund.« Flugs machte er das Kreuzzeichen und bemerkte, indem er schlecht über ihn rede, versündige er sich, aber dabei lächelte er ein wenig verschmitzt.

Wer aber den Eindruck erwecke, wie es einige vielgelesene Publikationen täten, daß nämlich die ganze Kirchenleitung aus KGB-Agenten und korrupten Bischöfen bestünde, der lüge schlichtweg. Jawohl, das tue er. »Wenn Vater Gleb Jakunin und Herr Aleksandr Njeshni Beweise gegen Bischöfe in der Hand haben, dann sollen sie damit zum Patriarchen gehen und nicht an die Öffentlichkeit. Damit tun sie Rußland und der Kirche einen schlechten Dienst, denn die Reform Rußlands kann nur durch die Kirche geschehen. Deshalb müssen wir sie und die Hierarchie stärken und nicht schwächen.«

Liturgie

Lenins erster Kommissar für Volksbildung, der umfassend gebildete Literat Anatolij Lunatscharski, hatte zur Osterzeit des Jahres 1919 vor einem großen Publikum als Auftakt einer breit angelegten Aufklärungskampagne gegen den »religiösen Obskurantismus« einen blendenden Vortrag gehalten. Mit beeindruckenden Argumenten hatte er dargelegt, daß Gott gar nicht existieren könne. Langdauernder Beifall belohnte seine Anstrengung. Um die Argumente zu vertiefen und auch um die Meinungsfreiheit der Bolschewiken zu demonstrieren, lud er zur Diskussion ein. Nach einer langen und peinlichen Pause des Schweigens wagte sich endlich ein alter, gebrechlicher Mann ans Mikrophon. Einige Augenblicke maß er die Versammlung mit seherischem Blick, dann entbot er strahlenden Gesichtes mit klarer und deutlicher Stimme den üblichen Ostergruß: »Christus ist auferstanden« (»Christos woskresje«). Aus dem Publikum schallte ihm als Echo aus tausendfachem Munde die traditionelle Antwort entgegen: »Er ist wahrhaft auferstanden« (»wo istinu woskresje«).

Vielleicht war die Antwort das Resultat einer psychischen Überrumpelung, möglicherweise ein ungewollter Reflex, und doch kommt in ihr ein hervorstechendes Wesensmerkmal der Orthodoxie, insbesondere der russischen Orthodoxie zum Ausdruck. Nirgends ist Ostern als die zentrale Glaubenswahrheit des Christentums so tief in Bewußtsein und Sprache eingedrungen wie bei den Russen. »Sonntag« heißt schlicht und einfach »Auferstehung«, (»woskresenje«), so daß bei jeder Datierung, bei der der Sonntag mit im Spiele ist, sprachlich an die Auferstehung erinnert wird, selbst wenn es sich um die Planung einer atheistischen Veranstaltung handelt. Den sowjetischen »Sprachreinigern« (wie ihren nazistischen Kollegen) ist es zwar gelungen, die Zeitangabe »vor und nach Christi Geburt« in »vor unserer Ära« und »unserer Ära« umzuwandeln, an den Sonntag, den Auferstehungstag, wagten sie sich jedoch nicht heran.

In der Sprache kommt zum Ausdruck, daß die Auferstehung die gesamte Spiritualität der Orthodoxie prägt. Während im Mittelpunkt des »Herrgottswinkels« einer katholischen Familie das Kreuz hängt, wird im Mittelpunkt des »Schönen Winkels« (»krasnij ugol«) einer orthodoxen Familie die Auferstehungs-Ikone oder die Christus-Pantokrator-Ikone verehrt. Die Grabeskirche in Jerusalem wird nur von den Lateinern so genannt, bei den Orthodoxen heißt sie Auferstehungskirche.

Gespeist wird die Auferstehungszentriertheit orthodoxer Christen durch das Herz ihres Glaubenslebens: Die Liturgie. Selbst bei der liturgischen Kreuzverehrung am Karfreitag tritt die Auferstehung nie in den Hintergrund. Die Orthodoxen beten: »Wir fallen nieder vor Deinem Kreuz, o Herr, und Deine hl. Auferstehung preisen wir.« Die lateinischen Katholiken beten bei derselben Gelegenheit: »Wir beten Dich an, Herr Jesus Christus, und preisen Dich, denn durch Dein hl. Kreuz hast Du die ganze Welt erlöst.«

Von der Auferstehung als absolutem Höhepunkt ist auch das ganze Kirchenjahr strukturiert. Im Westen tritt in Weihnachten ein zweiter Höhepunkt – in der Volksfrömmigkeit gar als dominierender – neben Ostern. Deutlich wird der Akzentunterschied auch in der Eucharistiefeier. In der westlichen »Messe« liegt der Schwerpunkt auf der Vergegenwärtigung des Abendmahls und des Kreuzesopfers, in der orthodoxen »göttlichen Liturgie« auf der Vorwegnahme des himmlischen Hochzeitsmahls und der ewigen göttlichen Verherrlichung.

Der Schlüssel zur Orthodoxie ist nicht deren Theologie, nicht das Kirchenrecht, nicht die Kenntnis der Hierarchie, sondern die gläubige Mitfeier der Liturgie. »Die Liturgie ist unsere Theologie, unsere Ethik, unsere Ästhetik«, bekannte eine zum Glauben gekommene Christin.

»Wer sich in die byzantinische Liturgie betrachtend vertieft, dem wird kaum eine Grundeinsicht in die Orthodoxie versagt bleiben: Ihr Beten und Feiern gründen gleicherweise in der Ehrfurcht vor der schauervollen Erhabenheit, wie im Vertrauen auf die unbegreifliche und beglückende Menschenfreundlichkeit Gottes«, resümiert der Augustiner Hermenegild Biedermann seine lebenslange Beschäftigung mit der Orthodoxie.

Die Diskriminierung der Gläubigen durch die sowjetische Verfassung, die ihren Bürgern das Recht garantierte, »religiöse Kulthandlungen auszuüben oder atheistische Propaganda zu treiben« (Artikel 52), konnte die orthodoxe Kirche nicht ins Herz treffen. Die Propaganda, d.h. die außerliturgische Glaubensverbreitung, ist nie ihre starke Seite gewesen. Solange sie ihre »Kulthandlungen ausüben«, d.h. ihre Liturgie feiern konnte, war sie ihrer Kraftquelle nicht beraubt.

Woran liegt es nun, daß die Russische Orthodoxe Liturgie geistlichen Trost, Glaubensgewißheit, Frieden mit Gott und den Menschen, einen Vorgeschmack der Erlösung zu vermitteln vermag? Es ist weniger eine Erkenntnis, kein Glaubensbeweis, keine rationale Bestätigung und schon gar kein juristisches Rechtbehalten, das der Gläubige zu spüren bekommt. Mehr als alles andere ist es eine Heilserfahrung besonderer Art. Das immer wiederkehrende Bekenntnis: »Ein erbarmender und menschenliebender Gott bist Du, und Dir senden wir die Verherrlichung empor«, läßt Saiten anklingen, denen in vielen Menschen eine Sehnsucht enspricht.

Es sind jedoch nicht die bloßen Worte, die das bewirken, sondern es sind die im Rahmen eines bestimmten Ritus gesungenen Texte. Der Ritus bestimmt die Reihenfolge und Funktion der Texte und wirkt dadurch auf die Vortragsweise. Das Wort ist das tragende Element, es ist das Vehikel der Botschaft. Die Musik unterstreicht den Sinn von Ritus und Wort, sie bewirkt eine Deutung und Vertiefung der beiden anderen Elemente. Die Musik darf nicht als bloße Dekoration betrachtet werden, die auch wegfallen könnte. Eine nur gesprochene Liturgie oder gar eine »stille Messe« ist in der Orthodoxie nicht vorgesehen. Das Geheimnis beruht darin, daß sich der Gläubige von der Liturgie in den unterschiedlichsten Gemütsverfassungen »angesprochen« fühlt: in Trauer und Depression, in Jubel und Dank, in Bitten und Klagen. Die orthodoxe Liturgie »enthält alles und für alle etwas. Wir verstehen sie immer, verstehen aber nie alles«, faßt ein Kenner zusammen.

In den Zeiten der kommunistischen Unterdrückung, da die Kirche sich nicht mit Argumenten verteidigen konnte, übernahm die Liturgie diese Funktion. In Hymnen und Gebeten stellte sie ein Menschenbild vor, das dem titanischen und autarken, aber gleichzeitig versklavenden Menschenbild der kommunistischen Staatsideologie diametral entgegengesetzt war. Nicht die eigene Leistung, nicht sein Beitrag zum Aufbau des Sozialismus definierten den Wert des Menschen, sondern seine Berufung zur Gemeinschaft mit Gott. Der Mensch als Ebenbild Gottes und Bruder Christi wurde jeder staatlichen Verwertbarkeit entzogen.

Die Kirche hat auch unter den Kommunisten weiter ihre Botschaft verkündet. Wenn man bedenkt, wie streng das Regime die Literatur zensurierte, selbst vor Dostojewskij scheute es nicht zurück, ist dieser Freiraum bemerkenswert gewesen. Den »letzten organisierten Feind« nannte der DDR-Parteiideologe Norden zu Recht die Kirchen. Solange sie den Gottesdienst feierten, die Evangelien lasen, boten auch die ärgsten Kollaborateure unter dem orthodoxen Klerus eine ideologische Alternative. Unzählige gequälte und verfolgte Christen haben sich wiederentdeckt in der Seligpreisung: »Selig seid ihr, wenn euch die Menschen um meinetwillen schmähen und verfolgen und euch verleumderisch allerlei Übles nachsagen.«

Das Ringen um die Seele des Menschen wird hier entschieden. Staretz Sossima sagt in den »Brüdern Karamasow« von den Mönchen: »Wie sehr aber werden sie sich wundern, wenn ich sage, daß von den Gebeten dieser Demütigen, die sich nach Einsamkeit und Stille sehnen, die Rettung Rußlands ausgehen wird. Das Wort bewahren sie herrlich und unverfälscht in seiner Reinheit und Wahrheit ... und wenn es nötig werden wird, so werden sie es der weltlichen, zusammenstürzenden Wahrheit entgegenstellen. Das ist ein großer Gedanke. Im Osten wird dieses Licht aufgehen.«

Der ganze Kosmos ist in das Rettungswerk miteinbezogen. Der Gottesdienst ist niemals bloße Versammlung der Gläubigen, sondern es nehmen daran teil: Heilige, Verstorbene, Engel, Tierwelt (Bienenwachs), Pflanzenwelt (Weihrauch) und die anorganische Welt (Silber, Gold, Edelsteine).

Im cherubinischen Lobgesang der Eucharistie wird der Gläubige der Nichtigkeiten dieser Welt enthoben. »Die wir in geheimnisvoller Weise die Cherubim darstellen und das Dreimalheilig zu Ehren der lebenspendenden Dreieinigkeit singen, lasset uns nun alles andere vergessen.« Die immer wiederkehrenden Bittlitaneien holen indessen wieder zurück zur Erde mit ihren Mühsalen. Es wird Gottes Erbarmen herabgefleht für den Frieden der ganzen Welt, das Wohlergehen der heiligen Kirche und die Vereinigung ihrer aller, für das heilige Gotteshaus und die Gläubigen, die es in Andacht und Ehrfurcht betreten haben, für die geistliche und die weltliche Obrigkeit, es wird um Reinheit und Gesundheit der Luft gebetet, um reiche Ernte, um friedvolle Zeiten, für die Seefahrer und die Reisenden, für die Kranken und Leidenden, für die Gefangenen und ihre Errettung ...

Die mittelalterliche Nestorchronik berichtet, daß das Erlebnis der orthodoxen Liturgie in der Hagia Sophia in Byzanz den Ausschlag für die Wahl des griechischen Christentums unter den miteinander wetteifernden Konfessionen durch die Abgesandten der Kiewer Rus gegeben habe: »In der griechischen Kirche hingegen wußten sie nicht mehr, ob sie im Himmel oder noch auf Erden waren.«

Die Liturgie, die die Ostslawen so faszinierte, hat ihr Vermächtnis bewahrt: Sie hat die Russische Orthodoxe Kirche trotz vieler Niederlagen, trotz mannigfachen Verrats auch von seiten ihrer Hierarchen, durch die dunkelste Zeit ihrer Geschichte getragen.

Nikolai Gogol, dem es gelungen ist, in seinen »Betrachtungen über die Heilige Liturgie« in Worten etwas von ihrem Geist einzufangen, kommt zu dem Schluß: »Und wenn sich unsere Gesellschaft noch nicht völlig aufgelöst hat, wenn die Menschen noch nicht von einem tiefen, unversöhnlichen Haß widereinander erfüllt sind, so liegt der letzte tiefe Grund in der göttlichen Liturgie, die den Menschen an das heilige himmlische Gebot der Liebe zu seinen Brüdern mahnt.«

Der Priester

Ein Wesensmerkmal des Monolithismus und der hierarchischen Gesellschaft – die Rußland auch unter den vorgeblich egalitären Kommunisten geblieben ist – sind die enormen Rangunterschiede zwischen Oben und Unten, beim Militär wie in der Verwaltung, in Industriebetrieben wie in der Landwirtschaft, und ebenso in der orthodoxen Kirche, denn auch darin verkörpert sie das Russentum am sinnfälligsten. Der einfache Priester, abschätzig Pope genannt, gleicht mit seinem jämmerlichen Einkommen und dem armseligen Mahl, mit dem er sich begnügen muß, dem gemeinen Soldaten in einem Infanterieregiment, wie denn andrerseits die Bischöfe, genau wie die Generäle, die zigfachen Einkünfte erhalten und ihre Tafeln reich gedeckt sind. Unter den Kommunisten waren die enormen Rangunterschiede zwischen Oben und Unten gewahrt, wo nicht sogar vertieft worden. Wenn sie zur Zeit geringer sind, so nur infolge des völligen Zusammenbruchs der Wirtschaft, der andrerseits manchem Schlaukopf erlaubt, die religiöse Hochkonjunktur als Priester zu nutzen.

Schon im 15. Jahrhundert bestand eine große Kluft zwischen der oberen Geistlichkeit, die sich aus dem Adel, und der niedrigen, die sich aus der völlig ungebildeten Masse des Volkes rekrutierte. Sehr bald wurden »der Pfaffe, die Pfäffin, die Pfaffentochter und der Pfaffenknecht« Zielscheibe grimmiger Spottlust der Bevölkerung und blieben es fortan: »Die Rasse der Dummköpfe und dickwanstigen Hengste«.

»Was kann erniedrigender sein, schändlicher, unmenschlicher als das, wie die Hierarchen mit den Priestern allgemein und mit den Dorfpriestern in Sonderheit umgehen! ... daß die Priester, sogar die im Silberhaar, auf den Fluren (also nicht einmal im Vorzimmer) schmachvoll mit Kirchenbediensteten und Bauern herumgestoßen werden, auf der Treppe sitzen in Erwartung, daß der Vladyka (Bischof) herauskommt ... daß die Hierarchen in den Priestern nicht nur nicht Diener des höchsten Gottes, nicht ihre eigenen Mitarbeiter in der großen Sache des Hirtenamtes, sondern noch nicht einmal Menschen sehen wollen. Wie die Hunde halten sie sie vor der Tür ihrer Empfangszimmer.« Das schrieb vor mehr als hundert Jahren der orthodoxe Priester Ioann Ioannovitsch Belljustin. Er hätte es heute schreiben können.

Primitiv und ungebildet in der großen Mehrzahl, befinden sich die orthodoxen Priester auf einem Niveau, auf das die Geistlichkeit der Westkirchen selbst in ihren schlimmsten Zeiten nie gesunken war.

»Die Kultur des russischen Volkes ist dünn wie Zigarettenpapier«, klagte Alexander Njeshni. »Und die Priester, was tun sie dagegen? Anstatt die Kultur zu stärken, die Seele zu veredeln, ist der Priester Ausgangspunkt der Unduldsamkeit und des Hasses. Es ist schrecklich, wie von ihnen Unduldsamkeit und Haß gezüchtet werden.«

Ist der Priester Aleksandr Borisow ein einsamer Rufer in der Wüste? Ihn hörten wir in seinem provisorischen Kirchlein leidenschaftlich gegen den Haß predigen: »Siebzig Jahre wurde unser Volk im Haß erzogen. Das System des systematischen Hasses ist zerbrochen, aber das heißt noch nicht, daß der Haß schon aus unseren Reihen verbannt ist. Schon liest man in unseren Zeitungen wieder antisemitische, fremdenfeindliche Sätze. Schon kann man auf unseren Plätzen wieder chauvinistische Reden hören – leider auch von Menschen, die sich für Mitglieder unserer Kirche halten. Der Glaube an Christus zielt darauf ab, Grenzen niederzureißen und nicht aufzubauen.«

Gäbe es ein paar tausend Geistliche von Borisows Art, die Russische Orthodoxe Kirche stünde bald mächtig da.

Rogow hatte den Patriarchen Aleksi I. (1945–1970) zitiert: »Die Priester können nichts, außer das Weihrauchfaß und den Weihwasserwedel schwenken.« Und Vater Vitali Borovoi hatte hinzugefügt, die Fähigkeiten der niederen Geistlichkeit beschränkten sich auf die liturgische Technik.

»Das Schlimmste an der rechtgläubigen Kirche«, meint der Historiker Konstantin Pleschakow, »ist nicht ihre antimoderne und antiwestliche Haltung, ist nicht ihr Antisemitismus, sondern daß sie gegen menschliche Beziehungen zwischen Priestern und Gläubigen ist, daß sie jene nicht darauf vorbereitet, ja, daß sie klar macht, es ist nicht erwünscht. So bleibt der Gläubige mit seinen Sorgen und Problemen allein.«

Im vorrevolutionären Rußland war die Geldgier der Priester sprichwörtlich, aber angesichts ihrer schäbigen regulären Einkünfte waren sie in der gleichen Lage wie die kleinen Beamten; die waren auf Bestechung angewiesen, um sich und ihre Familien über Wasser zu halten, und häufig hatten die Priester für eine vielköpfige Kinderschar zu sorgen. Es galt als schlechtes Vorzeichen, beim Verlassen des Hauses einem Priester zu begegnen. Handeln und Feilschen um die Gebühren für liturgische Leistungen waren die Regel, nicht die Ausnahme. Glaube und Liturgie waren aber so selbstverständlich, daß ein Bauer nie auf den Gedanken gekommen wäre, nicht in die Kirche zu gehen, nur weil sein Pfarrer ein würdeloses Leben führte und ein gemeiner Kerl war.

»Wenn man eine Prämie dafür gewähren würde, daß sich einer irgend etwas ausdenkt, um die Geistlichkeit mehr zu erniedrigen und zu verunglimpfen, um aus einem erhabenen und wunderbaren Dienst beinahe ein Handwerk zu machen, dann könnte sich wahrlich niemand ein besseres Mittel erdenken als diese ruchlosen Abgaben ... Der Priester hält einen Bittgottesdienst und – streckt die Hand aus nach einer Gabe; er geleitet einen Verstorbenen zur ewigen Ruhe – dasselbe; es soll eine Trauung vollzogen werden – da feilscht er sogar; er zieht zum Fest durch die Pfarrei mit einem einzigen Ziel, Geld zu sammeln; mit einem Wort: was auch immer er tut, in allem hat er ein Ziel: Geld; sogar – o Gipfel der Ruchlosigkeit und Schande! – auch wenn er einen Sünder, der gebeichtet hat, mit Gott versöhnt hat, nimmt er Geld ... was ist er denn anderes als ein Mietling?«

So beschrieb Belljustin seine Amtskollegen auf dem Land. Sein Bericht wurde allerdings von der Zensur verboten. Gerade von der russischen Priesterschaft erschienen in der relativ liberalen Regierungszeit Alexanders II. (1855–1881) Aufzeichnungen über Ausbildung und Lage der russischen Dorfgeistlichkeit, wie überhaupt Bilder vom Leben auf dem russischen Dorf, die im krassen Gegensatz zu den Traum- und Wunschbildern der Slawophilen standen.

»Prediger der Knute, Apostel der Unwissenheit, Verteidiger von Obskurantismus und Dunkelmännern, Panegyriker tatarischer Sitten ... Sie stehen über dem Abgrund.« Der mit diesen Worten vom Literaturkritiker Belinskij 1847 in einem berühmten Brief Angeredete heißt Nikolai Gogol. Belinskij war ein Zapadnik, er hielt das russische Volk für atheistisch und voller Aberglauben: »Der russische Mensch spricht den Namen Gottes aus und kratzt sich dabei den Hintern. Er sagt von der Ikone: Wenn sie was taugt – beten, wenn sie nichts taugt – Töpfe bedecken.«

Auch heute ist die große Menge der Gläubigen von einem dumpfen Konservativismus und Aberglauben erfüllt, sie wollen, daß alles in der Kirche so bleibt, wie es war, und zwar auf immerdar. In dieser Einschätzung des religiösen Volkes waren sich alle Priester und Intellektuelle einig, mit denen wir sprachen, ob sie nun konservativ sind oder für die Erneuerung der Kirche kämpfen.

Der riesige Unterschied zwischen der »schwarzen« Geistlichkeit der Privilegierten, d.h. der Mönche und Bischöfe, und der Herde der »weißen« Weltgeistlichkeit gründet seit altersher im System der Orthodoxie, wurde durch den Monolithismus und Hierarchismus der russischen Gesellschaft verstärkt und hält sich mit jenem ungeheuren Beharrungsvermögen, das die russische Geschichte charakterisiert.

Im westlichen Christentum hat sich schon früh der Unterschied zwischen Priestern und Mönchen verwischt, die Mönche wurden zu Priestern und die Seelsorge treibenden Priester zu Mönchen. Die Mönchsgemeinden ließen ursprünglich nur so vielen Mönchen die Priesterweihe erteilen, wie zur Abhaltung der Klostergottesdienste notwendig waren. Parallel zur »Verpriesterlichung« der Mönche ging die Mönchisierung der Seelsorgepriester vor sich, d.h. Elemente der mönchischen Lebensweise wie Ehelosigkeit und Stundengebet wurden für alle Priester verpflichtend. In der Ostkirche hingegen beschränkt sich die Verpflichtung zur Ehelosigkeit auf Mönche und auf die Bischöfe, die aus den Mönchspriestern berufen werden.

Zu Seelsorgepriestern werden in der Regel nur verheiratete Männer bestellt, d.h. die landläufige Meinung, orthodoxe Priester dürften heiraten, ist unkorrekt; wahr ist vielmehr, daß verheiratete Männer in der orthodoxen Kirche Priester werden können. Ein verwitweter Priester darf nicht wieder heiraten, wohl aber kann er, was des öfteren geschieht, Bischof werden. In früheren Zeiten schickte ein verheirateter Mann, der gern Bischof werden wollte, seine Frau kurzerhand ins Kloster.

Es gibt heute etwa 12000 Pfarreien in Rußland und 15000 Priester, die Zahl der Klöster in Betrieb ist zweistellig. Das sind freilich Schätzungen. 1915 wurde die Zahl der Priester mit 70000 angegeben, und die der Mönche in den 942 Männerklöstern mit 80000, dazu kamen noch zahlreiche Nonnenklöster.

So wie ganz Rußland ein Ruinenfeld ist, physisch und geistig, – die Natur von den ökologischen Verbrechen der kommunistischen Machthaber verwüstet, deren immer neue ans Tageslicht kommen –, so bietet auch die orthodoxe Kirche das Bild eines Ruinenfeldes. Das ist außerdem wörtlich zu nehmen. Unzählige Kirchen, die zerstört oder für andere Zwecke umgewandelt wurden, müssen wieder aufgebaut werden. Heute in Rußland ein guter Pfarrer zu sein, erfordert Mut und ernorme Kräfte, auch schlichtweg ungewöhnliche physische Zähigkeit. Unter den Tausenden von Geistlichen wird die Bewältigung dieser Aufgabe von Kennern der Kirche allenfalls einigen hundert zugetraut. Vater Aleksandr Borisow ist einer von ihnen.

Seine Pfarrkirche, Cosmas und Damian, hat das typische Schicksal einer Kirche unter den Bolschewiken erlebt. Es ist eine alte, ehrwürdige Kirche, im Ortsteil Schubin, zehn Minuten zu Fuß vom Kreml entfernt, gegenüber dem Moskauer Stadtparlament, dessen Abgeordneter Vater Aleksandr ist. Im 14. Jahrhundert baute der Bojare Zafinka Schubin, der dem Fürsten Dimitri Donskoij diente, eine bescheidene Holzkirche. 1722 wurde an ihrer Stelle ein Bau aus Stein errichtet, und 1823 und 1857 ein Nord- und ein Südteil angefügt. »1910 wirkte hier als Chordirigent der berühmte Tschernokof«, heißt es in einer Beschreibung. 1920 wurde die Kirche geschlossen, 1930 der obere Teil des Turmes abgetragen. Eine staatliche Druckerei zog ein, die uns jetzt durch ihre vorsintflutlichen Maschinen auffiel. 1970, in der Leonid Breschnew-Ära, wurde die Fassade renoviert und eine barocke Haube in der älteren Form aufgesetzt, womit die Druckerei, eine der zahllosen des Ministeriums für Kultur, eine imposante Stattlichkeit gewann. Am 21. Mai 1991 beschloß das Moskauer Stadtparlament, bis Jahresende das Gebäude der Kirche zurückzugeben. Am 19. Dezember 1991 zogen Vater Aleksandr und seine Pfarrgemeinde ein. Sie begnügten sich fürs erste mit einem Flur und zwei Zimmern im zweiten Stock und der Aussicht, daß die Druckerei die unteren Stockwerke, d.h. die ursprünglichen Kirchenräume, freigibt, sobald sie eine andere Unterkunft gefunden hat; angesichts des Raummangels in Moskau kein leichtes Unterfangen.

Als wir an einem feuchten, klebrigen Wintersonntagmorgen die Messe in Cosmas und Damian besuchen, stehen die Leute dichtgedrängt im zweiten Stock bis zur Stiege. Die Jugend überwiegt, das Alter der meisten liegt zwischen zwanzig und vierzig, einige haben ihre Kinder mitgenommen, intelligente, hellwache Gesichter, die mit großer Aufmerksamkeit die zweistündige Liturgie verfolgen. Gewiß nicht die typische Gemeinde einer Kirche in Moskau, vielmehr dem gebildeten Bürgertum entstammend. Das hatte seinen Grund zum einen in der Gegend, zum anderen im Rufe Aleksandr Borisows.

Das bescheidene Zimmer im zweiten Stock, das vorläufig zugleich als Gemeinderaum und Amtszimmer dient, zweifenstrig, und wenn nicht Gottesdienst abgehalten wurde, mit einem Eßtisch und mehreren Holzstühlen ausgestattet, war mit ein paar einfachen Handgriffen in eine improvisierte Kirche verwandelt worden. An der Längsseite die Bilderwand, aus Sperrholz gezimmert und mit Sackleinen bezogen, darauf zwei Ikonen befestigt, an der Wand ein Kruzifix, in der Mitte ein Pult mit weißer Decke, in der Ecke neben der Bilderwand ein Lektorium, auf dem das Gesangbuch aufgeschlagen liegt. Der Chor besteht aus einem bärtigen jungen Mann und drei jungen Frauen, von denen eine, das hellblonde Haar mit einem durchsichtigen Tüchlein bedeckt, in rotem Pullover, mit graziösen Bewegungen den Takt schlägt. Aber wie sie singen, welche Schönheit der Stimmen, welche Musikalität und welche gläubige Intensität! An einem kleinen Tischchen sitzt eine ältere Frau vor einem Samowar und einem Teller mit Gebäck, ein spitzes Häubchen auf dem Kopf,eine seltsame Mischung aus russischer Babuschka und strenger Presbyterin. Sie schenkt während des Gottesdienstes Tee ein, versorgt die Kinder mit Kuchenkrümeln und ist unermüdlich damit beschäftigt, kleine gelbe Bienenwachskerzen in einen mit Sand gefüllten Teller zu stecken.

Dieses Tellerchen kann es nie und nimmer mit dem prächtigen Lichtermeer aufnehmen, das sich uns am Sonntag zuvor in der Patriarchatskirche geboten hatte. Dort brannten Hunderte von Kerzen auf den verschiedenen Kerzenständern, ununterbrochen wurden neue angezündet und festgemacht, waren die alten abgeschmolzen, wurden die Reste von emsigen Frauenfingern entfernt oder zurechtgerückt. Auch die Zahl der Gläubigen im zweiten Stock von Cosmas und Damian verträgt den Vergleich nicht, immerhin waren es 120, von denen 80 die Kommunion empfingen. »Sie waren bei der Liturgie in der Patriarchatskirche?« hatte uns ein junger Schriftsteller vorwurfsvoll gefragt. »Das ist das reinste Theater. Ich habe neulich einen amerikanischen Freund mitgenommen und mich geschämt.«

Vielleicht sprach aus ihm das blanke Vorurteil eines Intellektuellen. Wie will man denn Gläubigkeit messen?

Wir erinnerten uns der Worte des Priesters Wladimir Archipow: »In den letzten Jahren haben sich viele der Kirche zugewendet. Aber das ist eine Art Mode, keine echte Bekehrung.«

Im materiellen und geistigen Wiederaufbau der Kirchen wird sich sozusagen Weizen von Spreu sondern, bei den Priestern ebenso wie bei den Gläubigen.

»Der Priester, der eine zerstörte Kirche übernimmt, wie mein Schwiegersohn«, setzte uns Archipow auseinander, »hat eine riesige Aufgabe. Das Volk ist passiv, außer den alten Frauen beteiligt sich keiner, und der Staat hilft in nichts. Man muß das Baumaterial beschaffen, die Arbeiter anheuern, das Geld für den Bau sammeln, einen Chor zusammenstellen und ausbilden, die Katechisierung aufziehen. Da bleiben ihm kaum mehr Kräfte und Zeit für die geistigen Aufgaben, vielleicht zehn Prozent.«

Die Priester beziehen kein Gehalt, sie hängen von den Einkünften aus Taufen, Trauungen, Begräbnissen und Kerzen ab, und sie müssen dafür Steuern zahlen und allerlei Abgaben an das Patriarchat.

Sein Schwiegersohn, 28 Jahre alt, hat die Kirche in Tschernoganowko übernommen, vierzig Kilometer von Moskau. 60 Jahre lang war sie eine kleine Fabrik. Alles ist kaputt, die Ikonen wurden gestohlen oder zerstört, jetzt fehlt sogar der elektrische Strom.

Die Initiative für die Errichtung einer kleinen Pfarrei war vom Nebenort Makarovo ausgegangen, wo viele Akademiker wohnen. Sie suchten einen Priester und wandten sich im Sommer 1990 an Vater Aleksandr Meñ. Der schlug Wladimir Archipow vor, doch als Aleksandr Meñ ermordet wurde, entschloß sich dieser, in Moskau zu bleiben und den Mann seiner Tochter an seiner statt vorzuschlagen.

Dieses Beispiel steht für hunderte. Innerhalb von drei Jahren ist die Zahl der orthodoxen Gemeinden in Rußland von 7000 auf mehr als 12000 gestiegen.

Ikonen und Musik

»Haben Sie nicht manchmal Sehnsucht nach der orthodoxen Kirche, Natascha? Tut es Ihnen nie leid, daß Sie sie verlassen haben und Katholikin geworden sind?«

Natascha, 23 Jahre alt, Lehrerin, blond und stämmig, war vor zwei Jahren von der orthodoxen Kirche zur katholischen konvertiert. »Es fing damit an, daß mir der orthodoxe Priester, immer wenn ich in Jeans in die Kirche kam, die Kommunion verweigerte. Als er mir auch noch sagte, daß meine herzensgute, aber atheistische Mutter sicher in die Hölle komme, war für mich das Maß voll. Bei den Katholiken kann ich in Jeans kommunizieren, und der katholische Priester sagt, es komme für meine Mutter nicht auf die Kirchenzugehörigkeit, sondern auf ihre Gewissenstreue an.« Ja, erwidert sie auf unsere Frage, zuweilen habe sie in der Tat eine Art Heimweh nach der orthodoxen Kirche, dort hatte sie seit ihrem fünfzehnten Lebensjahr jeden Sonntag im Chor gesungen.

Was sie vermisse, was sie in der katholischen Kirche nicht erfahre.

»Die Ikonen«, sagt sie, »und die Musik.« Sie verbessert sich sogleich: »Ich meine den Gesang.«

Wie fundamental sich die Ikone und der Gesang in den Kirchen des Ostchristentums von Bild und Musik in den Kirchen des Westchristentums unterscheiden, bewies auch die Äußerung eines orthodoxen Mönchs, der mit großem Ernst erklärte, vier Dinge trennten wohl für immer die Orthodoxen von den Katholiken: die Orgel, die Ikone, das Bartscheren und der Kalender. Gewiß, dieser Mönch war ein schlichter, ungebildeter Mann, doch vermutlich teilte er die Meinung einer großen Menge, wenn nicht der Mehrheit seiner Amtsbrüder, die noch im Geiste des 16. Jahrhunderts verharren, als die »Hundertkapitelsynode« 1551 beschloß, dem Bartlosen sogar das Begräbnis zu verweigern.

Auch im Westen wurde Instrumentalmusik erst im 13. Jahrhundert zugelassen, die orthodoxe Kirche hingegen ist, wie in allem anderen, dem alten Christentum treu geblieben, das Instrumente verbot. Der Grund ist ein theologischer: Die Offenbarung vollzog sich in Worten, sie war formuliert, ein Angesprochensein von Gott und die personale Antwort darauf. Musik jedoch erzeugt unformulierbare mystische Stimmungen und unbeschreibbare Gemütserregungen. Die Melodie vertritt bei der Wortverkündigung das emotionale Element, ist dem Wort untergeordnet, steht in seinem Dienst.

Für einen orthodoxen Priester sind eine schöne Stimme und Musikalität wichtigere Voraussetzungen als theologische Kenntnisse.

Wenn in der Kirche gute Musik erklinge, meinte Rogow, vermehre es die allgemeine geistliche Schönheit, von der der Archimandrit Makarij des Solovetzkij Klosters, ein äußerst strenger Asket, gesagt habe: »Nur durch die Musik kann man die volle Schönheit der Welt erkennen.«

Rogow erinnerte an das eschatologische Verständnis der Schönheit bei Dostojewskij, der in den »Brüdern Karamasow« schrieb: »Die Schönheit ist nicht nur eine schreckliche, sondern auch eine geheimnisvolle Sache. Hier kämpft der Teufel mit Gott, und das Schlachtfeld ist das Herz des Menschen.«

Die Ikonenverehrung, so typisch für das russische Christentum, reicht von der abergläubischen Anbetung, die der Ikone Wunderkräfte zuschreibt, bis in die höchsten Regionen der Mystik.

Aleksandr Rogow hat sich der Ikone auf zweierlei Weise genähert, als Kulturhistoriker und Sammler und als gläubiger Orthodoxer. Hinter der Glaswand seiner Bibliothek bewahrte er seine Lieblingsstücke: eine Muttergottes aus dem 15. Jahrhundert und eine Miniatur seines persönlichen Heiligen Aleksandr Newskij. Jene hatte er von einem Experten datieren lassen, weil es selbst einem Ikonen-Kenner wie ihm unmöglich war, die winzigen Nuancen zu erkennen, welche die Jahrhunderte voneinander unterscheidet, denn es ist die Wiederkehr des Ewiggleichen, nicht die kühne Innovation, die von den Malern gefordert wird.

Der gebildete Orthodoxe glaubt nicht, anders als der primitive, daß die Ikone selbst das Göttliche ist, aber sie hilft ihm doch, »Gott in sinnlicher Form zu schauen«. Er verehrt nicht das Bild selbst, sondern Gott und die Heiligen durch ihre Abbildung.

»Die Ikone ist das Abbild Gottes«, erklärt uns Rogow, »sie widerspiegelt den Geist. Ihre Farben und ihr Licht sind voller Symbolik. Grün bedeutet das Leben, Rot das Martyrium und die Auferstehung, Blau die Gottesmutter, die, wie der Himmel, das Geistige und das Irdische miteinander verbindet. Gold ist die Sonne, und zwar nicht nur als Gestirn, sondern auch als Versinnbildlichung der Gerechtigkeit Gottes.«

Ein rumänischer Maler, Sorin Dumitrescu, ein Kraftprotz von Mann mit dichtem Bart, der vom abstrakt malenden Atheisten zwiefach konvertiert war, zum orthodoxen Christen und zum Ikonenmaler, hat uns einmal auf sehr anschauliche Weise das Wesen der Ikone beschrieben.

Er hatte gerade eine Ikone des Erzengels Michael vollendet und zeigte uns Dutzende von Studien, die er dafür verfertigt hatte. Auch türmten sich in seinem Atelier die Bücher, die er gelesen hatte, um in die Geheimnisse der Ikonenmalerei einzudringen.

Die Figur auf der Ikone, so belehrte er uns anhand von alten Ikonen und von Tafeln in seinen Büchern, blicke den Beschauer nie direkt an, nur dadurch erreiche sie die magische Wirkung. Bei seinen Studien hatte er den Blickwinkel des Erzengels jeweils um winzige Abstände verschoben, und wahrhaftig, der Effekt war auf verblüffende Weise jedesmal verschieden.

Engel seien zweigeschlechtlich, d.h. sie seien weder Hermaphroditen noch androgyn, nicht halb männlich und halb weiblich, sie nähmen vielmehr jenen schmalen Grat ein, da sich die Formen des Menschen noch nicht trennten, in der kurzen Spanne um das zwölfte oder dreizehnte Lebensjahr von Knaben und Mädchen. Und er zeigte uns das an der Nase des Erzengels, gleichwohl einer stattlichen Erscheinung, an seinem Mund, an Augen, und Ohren.

Längst hatte Sorin Dumitrescu alle Zweifel überwunden, die ihn noch in den ersten Jahren seiner Suche nach den Geheimnissen der Ikone gequält hatten. Hellenismus, sagte er, und damit meine er schlechthin alle westliche Malerei, »ist Verwirrung. Nur die Ikone ist wirklich Kunst. Eine der großen Schwächen des Westens ist der Verlust der Ikone«.

Daß der Westen die Ikone nie besessen hatte, beirrte ihn keineswegs in seinem Verdammungsurteil.

»Die Ikone ist ein Ort der Gnade«, erläuterte er, »die Ikone muß gelebt, sie darf nicht reflektiert werden.«

Heute, in dieser Zeit der Gottlosigkeit und gleichzeitig des Suchens nach Gott, gelte es, das Geheimnis der Ikone zu erneuern. »Ikonen zu malen, gründet in einer merkwürdigen, wundersamen Energie, in der seltsamsten Art der Zusammenarbeit des Geschöpfes Mensch mit Gott.«

Das dritte Rom

»Die Orthodoxie hält sich für den einzigen richtigen Glauben: Nur wir sind richtige Christen, wir sind die Besten. So denken neunundneunzig Prozent aller Orthodoxen.« Der Erzpriester Vater Aleksandr Borisow gehört zu dem einen Prozent, die nicht so denken. »Dieser Stolz«, so fuhr er fort, »dieser Anspruch auf Exklusivität, der sich ja schon in der Bezeichnung ›pravo slawna‹, rechtgläubig, ausdrückt, der ist zu hoch gegriffen; das Gefühl der Exklusivität ist nicht gut.«

Vater Aleksandr, hochgewachsen, mit dichtem blondem Haar, hellen Augen und dem Teint eines Menschen, der sich viel im Freien aufhält, hat nach dem Biologiestudium eine Reihe von Jahren als Genetiker gearbeitet. Seine Zwillingstöchter sind beide Chirurginnen, in Rußland kein ungewöhnlicher Beruf für Frauen. Unter dem Einfluß Aleksandr Meñs, mit dem er seit Kindheit befreundet war und dieselbe Schule besucht hat – wie Andrej Tarkowskij und Andrej Wossnesensksij –, entschloß er sich 1973, Geistlicher zu werden. Da er sich aber weigerte, für den KGB zu spitzeln, blieb er nur Diakon und wurde erst vor drei Jahren zum Priester geweiht. Mit den jüngeren Meñ Brüdern, Borisow ist heute 53 Jahre alt, ging er in dieselbe Klasse, und oft begleitete er sie nach Hause, wo er sich stundenlang in die Bücher vergrub, die der Ingenieur Meñ besaß; besonders Brehms Tierleben faszinierte den Knaben.

Vater Aleksandr bewegte sich in unserem Gespräch auf einem geistigen Minenfeld, indem er den Exklusivitätsanspruch der orthodoxen Kirche kritisierte. Ein fanatischer Glaubensbruder hätte ihn vermutlich der Häresie geziehen, doch hielt ihn keine zögernde Vorsicht oder gar Furcht ab, seine These laut weiterzudenken: »Die russische Psyche ist noch im 18. Jahrhundert befangen, und die Wurzeln des Kommunismus sind in diesem orthodoxen Stolz zu suchen«, erklärte er. Heute verlaufe die Entwicklung umgekehrt, vom Kommunismus zurück in die Kirche. Christentum und Kirche sollten jedoch das Ziel sein, statt dessen seien sie heute für viele Menschen lediglich ein Mittel, für die Nationalisten ebenso wie für die alte kommunistische Nomenklatura, die mit einem Mal ihr Christentum entdecke.

Zwischen dem »Stolz« der russischen Orthodoxen, ihrem Exklusivitätsanspruch, und dem Exklusivitätsanspruch der Bolschewiken besteht ein Zusammenhang, der erst heute, nach dem Zusammenbruch des sowjetischen Imperiums und der Verdunstung der kommunistischen Idee, ins helle Tageslicht gerückt ist. Ein Teil der russischen Intelligenz, und orthodoxe Geistliche vom Schlage des Aleksandr Borisow zählen zu ihr, beunruhigt die Vorstellung, daß sich dieses Sendungsbewußtsein nun nicht mehr im weltlichen Gewande des Kommunismus, sondern wieder in seinem alten traditionellen Gewande der russischen Orthodoxie zeigen werde.

»Ist es richtig, daß nur die Aramäer und die Russen religiöses Genie besitzen, und was hat man dann von dem kommenden Rußland zu erwarten«, fragte sich Oswald Spengler 1921, »jetzt, wo gerade im entscheidenden Jahrhundert das Hemmnis der gelehrten Orthodoxie zerstört worden ist?« Das schrieb er im vierten Jahr nach der Oktoberrevolution. Heute wissen wir, daß die Orthodoxie keineswegs zerstört worden ist, daß sie vielmehr als die wahre und eigentliche Seele Rußlands überlebt hat. Daß sich die auf ihrem Boden gewachsene Pseudoreligion in Schall und Rauch aufgelöst hat und von dieser »keine einzige Idee, die für den Neubau der Gesellschaft brauchbar wäre«, geblieben ist, »eine nutzlose Katastrophe«, wie François Furet, der französische Revolutionshistoriker, bald nach dem mißglückten August-Putsch 1991 schrieb.

»Wenn ein großes Volk nicht glaubt, daß allein in ihm die Wahrheit ist – gerade und ausschließlich in ihm allein –, wenn es nicht glaubt, daß es allein fähig und berufen ist, alle anderen mit seiner Wahrheit von den Toten zu erwecken und zu erlösen, so verwandelt es sich sofort in ethnographisches Material und ist kein großes Volk mehr«, ruft Schatow in Dostojewskijs

»Dämonen« dem Stawrogin zu. Und Schatow brüllt: »Das einzige ›Gottesträgervolk‹ ist das russische Volk.« In seiner ungewöhnlichen Erregung »zeigte sich sogar Schaum auf seinen Lippen«.

Den jungen, pluralistisch gesonnenen, nach Westen blikkenden russischen Intellektuellen sind solche Schatowschen (ihm von Stawrogin eingegebenen) Ideen völlig fremd, ja, man hat den Eindruck, daß sie sie gleichermaßen ablehnen wie fürchten. Gibt es denn keine Alternative zwischen dem »großen Volk« im Alleinbesitz der Wahrheit und der »sofortigen Verwandlung in ethnographisches Material?« Eine Frage, die sie sich wieder und wieder stellen.

»Unser Hauptproblem ist, daß wir Rußland immer idolisiert haben, ich meine die orthodoxe Kirche idolisiert haben, Rußlands Macht und Größe idolisiert haben, seine Intelligenz idolisiert haben, sein Christentum idolisiert haben«, sagte der zweiunddreißigjährige Lyriker und Sinologe Igor Tschabanow. Der schmale, kleine bebrillte Mann sprach so leise, daß die anderen in der Runde sich ganz still verhielten, um ihn zu verstehen. »Die Nationalisten, die Konservativen, die Idolisierer sagen, das erste Rom endete in Verfall, das zweite Rom, also Byzanz endete in Verfall, wir aber sind das dritte Rom, und es wird nie enden. Der Zerfall des Imperiums ist für sie nur ein vorübergehendes Unheil, das Ergebnis einer Verschwörung.«

Igor bezog sich auf den berühmten Brief des Staretz Philotheos von Pskow an Zar Wassilij III., den Sohn Iwans III.: »Die Kirche des alten Roms«, schreibt der Staretz um 1510, »fiel durch den Unglauben der apollinarischen Ketzerei; des zweiten Roms, der Konstantinstadt, Kirchentüren zerhieben die Hagarenkel mit Äxten und Beilen. Die jetzige aber ist die heilige allgemeine und apostolische Kirche des dritten, neuen Roms Deiner Herrschermacht, die unter allen Enden der Ökumene im rechten christlichen Glauben, über alles, was unter dem Himmel ist, mehr als die Sonne leuchtet ... Siehe und merke auf, o gottesfürchtiger Zar, wie alle christlichen

Zartümer sich in dein einiges vereinten, wie zwei Rom fielen, aber das dritte steht, und ein viertes wird es nicht geben!«

Man könne unschwer, meldete sich der Essayist Ilya Petrowitsch zu Worte, diesen »Brief des russischen Sendungsbewußtseins« mit ein paar sprachlichen Änderungen in die visionären Erklärungen von Lenin, Stalin oder Chruschtschow transkribieren.

Die Wurzeln des monolithischen Systems und der Theorie von der großen Mission Rußlands reichen in die Frühzeit des Moskauer Zarentums. Schon vor Philotheos, zur Zeit Iwans III. (1462–1505), wurden Idee und Prinzip der byzantinischen Kaisergewalt auf den Moskauer Fürsten übertragen und angewandt, die Idee der von Gott eingesetzten Herrscherwürde, ihrer Heiligkeit, ihrer Rechte und Pflichten in allen Lebenssphären, weltlichen wie kirchlich-religiösen, dem alle im Reich unbedingten Gehorsam zu erweisen hatten. »Der Zar ist der Natur nach allen Menschen ähnlich«, schreibt der Abt von Wolokolamsk, Joseph, »der Gewalt nach aber ist er ähnlich dem höchsten Gott.« Vierhundert Jahre später verkündete der Oberprokuror Pobedonoscew, der Mentor der beiden letzten Zaren: »Groß und heilig ist die Bedeutung der Obrigkeit.«

Als im 19. Jahrhundert die Diskussion zwischen Slawophilen und Zapadniki ausbrach, fanden die Ideen des Monolithismus und der großen Mission Rußlands ihre leidenschaftlichsten Sprecher unter den Slawophilen. An ihre Stelle sind heute die Russophilen getreten.

Kein Zweifel, Igor und Ilya, Sergej, Dimitrij und Konstantin, die fünf jungen Schriftsteller, die sich in einem kleinen Büro nahe dem Kreml versammelt haben, um über Rußlands Lage zu reden, haben mit dem »orthodoxen Stolz« und seinem Sendungsbewußtsein wenig im Sinn.

»Dieser Stolz, die Idolisierung Rußlands, der Anspruch auf Exklusivität, wie immer wir es nennen wollen«, sagt Ilya, »ist nichts anderes als der Ausdruck eines alten, tiefsitzenden Minderwertigkeitskomplexes. Wir sind wie eine Waise im

Bahnhof, die nicht weiß, wohin sie soll und wohin sie gehört, nach Osten, nach Westen oder vielleicht in den Süden.« Das riesige Land, die vielen Völker, die Leute auf einer Wanderschaft ohne Ende, Hunderttausende hier, Hunderttausende dort, zwischen Osten und Westen hin- und hergerissen. So sei es immer in der russischen Geschichte gewesen. Und wie sich die Waise im Bahnhof ihr eigenes, prachtvolles Schicksal erfinde, so erfänden die Idolisierer Rußlands seine große Mission, die es über alle anderen Länder auf Erden erhebe.

Die Russophilen von heute holen Danilewskijs »Rußland und Europa« wieder aus dem Bücherschrank. Gleich diesem gebildeten, weitgereisten Naturwissenschaftler aus der Mitte des vergangenen Jahrhunderts glauben sie an Rußlands große Mission auf Erden, sozusagen abzüglich seiner Idee einer Föderation aller slawischen Völker unter russischer Ägide. Denn viele Gedanken, die Danilewskij ausgesprochen hat, scheinen ihnen heute wieder aktuell. Tschaadajew sei an der Zukunft seines Vaterlandes verzweifelt, schrieb Danilewskij, »da er nichts sah und nichts verstand als Europäertum«. Er hingegen sah in Rußland »eine ursprünglich selbständige, große geschichtliche Tatsache, deren Grundlagen in den geheimnisvollen Tiefen des weltgeschichtlichen Enwicklungsplanes der Menschheitsschicksale liegen«.

Die große Debatte zwischen Slawophilen und Westlern hatte Tschaadajew mit seiner radikalen Kritik am Monolithismus ausgelöst. Die Slawophilen waren in Opposition gegen die Aufklärung, gegen Rationalismus, Liberalismus und Kosmopolitismus, und sie »suchten nach einer philosophischen Legitimation für die russische Selbstherrschaft und für die Ansprüche der Ostkirche auf die Rolle des einzigen Bewahrers der authentischen Wahrheit des Christentums« (Leszek Kolakowski). So idealisierten sie das vorpetrinische Rußland, insbesondere das Rußland der ersten Romanows nach der Zeit der »smutnoe vremja«.

»Das Reich Philipps und Konstantins erstand von neuem auf den gewaltigen Ebenen Rußlands«, schreibt Danilewskij.

Das politische System der europäischen Staaten habe ein Gegengewicht erhalten »in dem von den beiden Iwan, von Peter und Katharina erneuerten Oströmischen Reich slawischer Nationalität«.

Danilewskij, gleich den anderen bedeutenden Slawophilen, war alles andere denn ein engstirniger, beschränkter russischer Chauvinist, er hatte vielmehr etwas vom Geiste der alttestamentlichen Propheten, wie sein Übersetzer Karl Nötzel schrieb. Er war ein großer, starker Mann von robuster Gesundheit und unersättlichem Wissensdurst, frei von Gehässigkeit, der in seinem Volk die ganze Menschheit liebte. Unter den Russophilen unserer Tage wird man nicht so leicht Männer finden, die aus solchem Holz geschnitzt sind.

Für ihn kam eine Trennung von Staat und Kirche nicht in Frage, denn das sei der Riß zwischen Körper und Geist. »Die Kirche ist nach unserer rechtgläubigen Auffassung die Vereinigung der Gläubigen aller Zeiten und Völker unter der Oberhoheit Jesu Christi und unter der Führung des Heiligen Geistes«, schrieb er, und dann im Crescendo: »Auf welche Weise kann aber der Staat frei sein, frei von Christus? Natürlich nicht anders, als wenn er aufhört, ein christlicher zu sein.«

Der Absage Tschaadajews an die Orthodoxie setzte er dreißig Jahre später ein radikales Bekenntnis zu ihr entgegen. Während er den Katholizismus ein »Produkt der Lüge, des Stolzes und der Unbildung« nannte, ist die »rechtgläubige Kirche die einzig rettende«. Der Nichtrechtgläubige hingegen »beraubt die Offenbarung selber ihrer Glaubwürdigkeit und Unerschütterlichkeit in den Augen dessen, der sie aufrechterhält«.

Für einen konservativen, sich ganz der orthodoxen Tradition verhaftet fühlenden Gelehrten wie Rogow, der Tschaadajew entschieden ablehnt, ist das freilich heutzutage allzu extrem formuliert. Vor allem mit dem Antikatholizismus Danilewskijs kann er nichts anfangen.

Aber in den dumpfen Köpfen fanatischer Nationalisten könnten die Ideen Danilewskijs und der Slawophilen viel Unheil anrichten. Das eben bedrückt Intellektuelle wie Igor und Ilya. Darum stehen manche von ihnen auch Dostojewskij ambivalent gegenüber. »Ich liebe Dostojewksij nicht«, sagte der Historiker Dimitrij Furman, »ich liebe diesen Typ russischer Kultur nicht.« Furman ist in der Tat ein Zapadnik reinsten Wassers.

Dostojewskij gilt als der große, unvergleichliche Visionär der Slawophilen. Er und der ein Jahr jüngere Danilewskij wurden beide der Teilnahme an der Verschwörung des revolutionären Kreises um Petraschewskij angeklagt, der 1849 in einer Tischrede ausrief: »Wir verurteilen die bestehende Ordnung zum Tode.« Während Dostojewskij nach Sibirien verbannt wurde, kam Danilewskij, der seit Jahren bei Petraschewskij nicht mehr verkehrt hatte, mit hundert Tagen Haft davon, während deren er den »Don Quixote« las.

Über Dostojewskij schrieb Egon Friedell, er sei »der letzte große Byzantiner, die jüngste Form, in der der Geist Roms Fleisch geworden ist, jenes ewigen Ostroms, das wir nicht verstehen, bestenfalls zu erahnen vermögen«.

In den »Dämonen« sagt Schatow: »Die Wissenschaft und die Vernunft haben im Leben der Völker immer, heutzutage und seit Urzeiten, nur eine zweitrangige und dienende Rolle gespielt; so wird es auch bis in alle Ewigkeit bleiben. Eine andere Kraft bildet und bewegt die Völker, eine gebietende und herrschende, deren Ursprung aber unbekannt und unerklärlich ist. Es ist die Kraft des unersättlichen Verlangens, bis ans Ende zu gehen, die gleichzeitig das Ende leugnet.«

Joseph Goebbels stellte 1921 seiner Dissertation diese Stelle als Geleitwort voran. Er hat sie sein Leben lang beherzigt. Schatow hört freilich an diesem Punkt nicht auf. Er spricht weiter: »Es ist die Kraft der fortwährenden und unermüdlichen Bejahung des eignen Seins und der Verneinung des Todes. Der Geist des Lebens, wie die Schrift sagt ... das ästhetische Prinzip, wie die Philosophen sagen ... das Suchen nach Gott, wie ich es am einfachsten nenne.«

Für die jungen Schriftsteller war dies ein Beweis mehr, wie

gefährlich die Ideen der Slawophilen in den falschen Köpfen sein können. Heute bedienten sich ihrer in Rußland nach dem Zerfall des sowjetischen Imperiums die Leute von Pamjat und andere Faschisten.

Bürger von Megalopolis

In das geistige Vakuum, das mit der Auflösung des sowjetischen Imperiums und der kommunistischen Ideologie entstanden ist, sind jetzt Sekten und Konfessionen aus aller Welt eingedrungen. Amerikanische Evangelisten kaufen in Moskau Fernsehzeit und versuchen, ihre Botschaft an den Mann zu bringen, in der Metro werden Bibellesungen im Kreml angeboten, und zwar im Kongreßpalast, wo bis vor kurzem die KPdSU ihre Parteitage abhielt. Und um die Sache schmackhafter zu machen, versprach das Werbeplakat, daß Gesundheitsrezepte der spirituellen Ware beigefügt werden; Hare Krishna-Leute machen sich bereit, und die Anhänger des koreanischen Apostels Mun; auf jedem Tischchen in den Metrostationen, wo ambulante Buchverkäufer miteinander wetteifern, liegen dicke, buntbedeckelte Ausgaben der Bhagawadgita. Wer zählt die Völker, nennt die Namen, niemand konnte mehr mit Gewißheit sagen, ob nur Dutzende oder schon Hunderte Konfessionen ihr geistiges und keineswegs immer nur geistiges Geschäft in Rußland betreiben.

»Wir sind ein großer religiöser Supermarkt geworden«, klagen auch jene, die für eine weite Öffnung des Landes sind. Igor Tschabanow hingegen meint, man solle die vielen Sekten und Konfessionen, die jetzt in Rußland miteinander im Wettbewerb stünden, nicht unbedingt negativ sehen. »Je mehr es von ihnen gibt, desto liberaler wird sich der erforderliche Prozeß der Entidolisierung Rußlands vollziehen, des Verzichtes auf den Anspruch, im alleinigen Besitz des richtigen Christentums und der Wahrheit zu sein.«

Für strenggläubige Orthodoxe ist es hingegen eine Art Walpurgisnacht, die über Rußland hereingebrochen ist. In den Klöstern erinnern die Mönche an die finsteren Zeiten des 17. Jahrhunderts, als die polnischen Katholiken das heilige orthodoxe Rußland bedrohten und zeitweise sogar beherrschten. Sind nicht heute, am Vorabend eines neuen Jahrtausends, die Kräfte aus der ganzen Welt aufmarschiert, um die Orthodoxie zu vernichten?

Er habe einige Wochen im Kloster verbracht, berichtet Dimitrij Wasilewitsch, um sich auf seine Taufe vorzubereiten, mit Meditieren und Beten. Den russischen Mönchen habe er von seinen Erlebnissen in Indien erzählt, wo er als Rundfunkkorrespondent sein Brot verdient und an einem Roman über das alte Indien gearbeitet habe. Bis dahin ein überzeugter Atheist, fing er dort an, sich für Religion zu interessieren und die Schriften der Hindus und Buddhisten zu lesen; schließlich lebte er einige Wochen in einem buddhistischen Kloster, führte lange Gespräche mit den Mönchen, lernte von ihnen das Meditieren und vertiefte sich in die Lehren des Buddhismus. Tief beeindruckt habe er das Kloster wieder verlassen und sich nur schweren Herzens von den Mönchen getrennt.

Den russischen Mönchen indessen hätten seine Erzählungen ganz und gar nicht gefallen, ja sie seien entsetzt gewesen. »Das ist alles Teufelszeug, sagten sie mir streng, sie warnten mich, ich müsse mich als ein guter Orthodoxer aus diesen Verstrickungen des Satans befreien. Und während sie mich solcherart mahnten und warnten, konnten sie gar nicht aufhören, das Kreuzzeichen zu schlagen.«

Er sei ja zutiefst davon überzeugt, meint Dimitrij, daß es für Rußland nur eine Kirche gebe, und das sei die orthodoxe Kirche, »sie ist Rußlands Karma. Aber nicht mit diesen Geistlichen und diesen Bischöfen. Wir haben zu wenig Intelligenz und zu wenig Intellektuelle in der Kirche.« Ob er sich denn im Kloster auch mit dem indischen Begriff des »Karma« zur orthodoxen Kirche bekannt habe, fragen wir ihn? Er lacht: »Um Gottes willen, nein.«

Dimitriji ebenso wie sein Freund Konstantin, haben sich trotz ihrer Sorge um den Zustand der rechtgläubigen Kirche in ihr taufen lassen. Eine Reihe ihrer Freunde sind unterdessen andere Wege gegangen.

»Viele junge Intellektuelle in Rußland denken heute: Jesus ja, Kirche nein. Viele glauben aber auch an den Unbekannten Gott. Sie wollen mit keiner der Kirchen etwas zu tun haben.«

Der Unbekannte Gott! Ob sie dabei an Nietzsche dächten oder an den Unbekannten Gott, dem in der Antike in manchen Tempeln ein eigener Altar geweiht gewesen sei?

Ja, sagen sie, aber nicht nur daran. Ob Gott tot sei, wie Nietzsche geschrieben habe, darüber gebe es in der Tat leidenschaftliche nächtelange Diskussionen.

Der »Unbekannte Gott« ist keine neue Erscheinung. Schon Pobedonescew beklagte sich in einem Essayband Ende des 19. Jahrhunderts: »In all diesen ungebildeten Köpfen ist, man weiß nicht durch wen, dem Unbekannten Gott ein Altar errichtet worden, wie es in Athen war.«

Er habe keinen starken Glauben, bekennt Ilya, er könne nicht einmal wahrhaftig auf die Fragen antworten, ob er religiös sei. »Mein ganzes Leben lang war ich unzufrieden mit der Welt und mit mir selber. In der Schule mochte ich Darwin nicht, nicht wegen der Evolutionslehre, nicht weil wir dieselben Stammväter haben sollen wie die Affen, was Sigmund Freud eine der drei großen Demütigungen nannte, die dem Menschen in der Neuzeit widerfuhren. Nein, ich mochte Charles Darwin nicht, weil mir nicht gefiel, daß der Wolf das Lamm frißt.« Er spielte damit auf eine Stelle in den »Brüdern Karamasow« an.

Ilya, zehn Jahre älter als die anderen im Kreise, mit grauen Strähnen in den dicken schwarzen Haaren und jener weltverlorenen Weichheit in den Gesichtszügen, die man häufig in Rußland, nie aber in Amerika trifft, Ilya redet und redet und bricht erst ab, als seine Freunde laut zu murren beginnen. Ilya spricht über sein Suchen, seit seiner Kindheit suche er, nach etwas, das ihn mit der Welt und mit sich selber versöhne, vielleicht suche er nach Gott, aber das sei ihm durchaus unklar usw. usw.

»Wir wollen hier über das religiöse Erwachen in Rußland reden, nicht über deine persönlichen Probleme und Gottsuche«, wirft Dimitrij ein.

Ilya läßt sich nicht beirren. Wenngleich er keinen starken Glauben habe, sagt er, so erfülle ihn doch eine tiefe Achtung vor der Religion, denn nur die Religion, und er denke jetzt nicht an eine bestimmte, bejahe das Leben. Ein Mensch ohne Religion, ohne geistige Prinzipien lebe wie in einem kaputten Haus, wo es durch das Dach regnet, die Fenster zerbrochen sind, der Putz von den Wänden abbröckelt und die Wände einfallen.

»Ich habe viele Freunde, die sich haben taufen lassen, aber immer wieder beobachte ich, wie sie in der Not und in Situationen der Katastrophe hilflos sind.« Religion solle nicht bloß dazu dienen, uns in Not und Bedrängnis beizustehen, wenn wir Gott um Hilfe bitten, sondern sie solle uns mit ihrem Geist füllen. Das sei keine Frage von Bildung und Intelligenz. Er liebe im Neuen Testament besonders die Geschichte von Pfingsten: »Das waren ganz einfache Leute, die der Heilige Geist erfüllte, und plötzlich waren sie furchtlos. Wer wirklich glaubt, der ist ohne Furcht.«

»Die Leute und das Fernsehen reden zwar ständig vom religiösen Wiedererwachen und von Christus«, sagt Sergej, »aber ich bezweifle sehr stark, daß es wirklich eines ist. Wenn ich die Präsidenten und die Minister, die ja fast alle Parteifunktionäre, das heißt Atheisten waren, mit der Kerze in der Hand in der Kirche sehe und den Makler und die Edelnutte und den Rauschgifthändler, dann sage ich mir, das ist eben Mode geworden, gestern war ich gottlos, heute bin ich ein frommer Orthodoxer.«

»Wir erleben nicht wirklich ein Wiedererwachen des Christentums«, meint Igor, »sondern ein Wiedererwachen des Status und der Macht der orthodoxen Kirche. Das sind zwei ganz verschiedene Dinge.«

»Trotzdem bin ich überzeugt, daß wir die Religion brauchen«, sagt Konstantin. »Eine Gesellschaft, die nicht religiös verwurzelt ist, die kann nicht stabil und gesund sein. Der Atheismus bietet kein Wertsystem, das so gültig ist wie das religiöse, das haben wir ja fast ein Jahrhundert lang erlebt, und deswegen ist Rußland heute eine geistige Wüste. Wenn man sagt, wir sind die Nachfahren der Affen, das heißt, wenn ich behaupte, die Schöpfung und die Evolution sind ohne Gott geschehen, dann hat nichts irgendeinen dauerhaften Wert. Wie es bei Dostojewksij heißt: Ohne Gott ist alles erlaubt.«

»Das Gute an der russischen Seele, an uns Russen«, wirft Ilya ein, »das ist unsere Sehnsucht nach dem Absoluten, dem Unendlichen, der Perfektion. Unsere Gespräche, in Moskau und Petersburg, in Sibirien oder im Kaukasus, kreisen immer um die ewigen Fragen, die Suche nach dem Unendlichen, um Leben und Tod, um das Existentielle. Im Westen, glaube ich, ist das nicht so ...«

Igor fällt ihm ins Wort: »Entschuldige, wenn ich unterbreche. Aber was du gerade sagst, das zeigt ja, daß auch du, so wie wir alle hier, ein Produkt dieser Idolisierung Rußlands bist.«

Die Vergangenheit

»Ich respektiere die katholische Kirche«, sagt Aleksandr Rogow gleich zur Begrüßung, »sie ist eine apostolische Kirche und steht der unseren am nächsten.« Und um ein für allemal jeden Zweifel an seinem Standpunkt auszuräumen, fügt er hinzu: »Es gibt nur zwei apostolische Kirchen, unsere und die katholische, alle anderen sind usurpatorisch.«

Er spielt damit auf den Anspruch der Orthodoxen und der Katholiken an, daß ihre Bischöfe alleine in der Nachfolge der Apostel stünden, welche die Lehre direkt von Christus empfangen und weitergegeben haben, alle anderen Kirchen hingegen, die Protestanten, Baptisten, Presbyterianer, Pfingstler usw., das Bischofsamt usurpiert hätten. Außerdem heben die Orthodoxen stets hervor, daß sie mit der katholischen Kirche die Zahl der Sakramente teilen und sie wechselseitig anerkennen, was hingegen mit den reformatorischen Christen, welcher Konfession immer, nicht der Fall ist.

In Rogow verkörperte sich der tiefgläubige Orthodoxe, der jedoch kein Nationalist ist. Als wir ihm erzählen, wir hätten uns mit dem jungen Literaturkritiker Sergej Kunajew verabredet, gleichfalls einem konservativen Orthodoxen, macht er eine wegwerfende Handbewegung. Er und sein Vater Stanislaw seien geradezu rabiate Nationalisten, und von dieser Art der Orthodoxen wolle er sich distanzieren.

Es ist wichtig, diese beiden Richtungen in der russischen Orthodoxie zu unterscheiden: Den gläubigen Orthodoxen, der sich der katholischen Kirche verbunden fühlt, weil er sich in erster Linie als Christ sieht, und den orthodoxen Nationalisten, der sich vor allem als Russe fühlt und Moskau zum »dritten Rom« erheben will, dessen artikulierteste Sprecher wir seit 150 Jahren unter den intellektuellen Slawophilen finden.

Weil die Geschichte Rußlands zugleich immer die Geschichte der Russischen Orthodoxen Kirche ist, ist sie auch von Anfang an eine Geschichte der Beziehungen zwischen dem östlichen und dem westlichen Christentum. Ein Zusammenwachsen Rußlands mit Europa ist undenkbar ohne gedeihliche Beziehungen zwischen den Kirchen, d.h. vor allem zwischen Rom und Moskau.

Die Bemühungen Roms, die Ostslawen dem Westen zurückzugewinnen oder zumindest näher heranzuholen, ziehen sich durch ein Jahrtausend, seit der Taufe der Kiewer Rus im Jahre 988. Mehrmals im Laufe der Zeit glaubte Rom, die Russen seien bereit, sich der Autorität des Papstes zu unterstellen. Die leitende Zielvorstellung blieb durch die Jahrhunderte für Rom der Abschluß einer Kirchen-Union. Sobald man aber nach dem Ziel seiner Sehnsüchte griff, wich es, wie im Tantalusmythos, zurück.

Die eigentliche radikale Trennung Rußlands von Rom und vom westlichen Christentum und zugleich der Ursprung des Weges zum Anspruch, das »dritte Rom« zu sein, waren die unmittelbaren Folgen des Konzils von Ferrara und Florenz in den Jahren 1438 bis 1439, des ernsthaftesten Versuches der Union. Der griechische Kaiser in Byzanz, damals noch das unumstrittene Oberhaupt der Ostkirche, hoffte sich auf diese Weise die Hilfe des Abendlandes gegen die Osmanen zu sichern. Als der russische Metropolit Isidor, ein Grieche, wie seine Vorgänger, 1441, zum päpstlichen Kardinaldelegaten ernannt, nach Moskau zurückkehrte, das lateinische statt des griechischen Kreuzes sich vorantragen ließ und nach feierlichem Gottesdienst den Florentiner Kompromiß vorlas und die damit verbundenen rituellen Veränderungen, da brach der Großfürst Wassilij II. das bestürzte Schweigen der Russen und nannte ihn einen »reißenden Wolf und Verderber der christlichen Seelen«. Die Kirchenversammlung verstieß den Verräter Isidor, und er war froh, mit heiler Haut nach Rom zu entkommen. Er war der letzte Grieche auf dem Metropolitenthron Moskaus, das endgültige Schisma war vollzogen. In Rußland aber sah man die Eroberung von Konstantinopel durch die Türken als die gerechte Strafe Gottes für das ketzerische Streben von 1439 an.

In Rom unterdessen begnügte man sich fortan mit Versuchen von Teillösungen unterschiedlichen Ausmaßes, je nach den kirchlichen und politischen Möglichkeiten. In den Augen der russischen Orthodoxen war das Westchristentum, das heißt vor allem die katholische Kirche, in permanenter Angriffshaltung, das ist bis heute so geblieben.

»Fast alles haben wir gemeinsam, Sakramente, Priestertum, Bischöfe, und beide Kirchen haben Schuld am Schisma«, hatte Erzpriester Vitali Borovoij uns erklärt. »Trotzdem gibt es einen gewichtigen Unterschied, nicht in der Menge der Schuld, denn wer dürfte die Schuld schon gegenseitig abwägen, aber in ihrem Wesen: Die aggressive Kirche war immer die katholische.« Es gebe keinen Fall, in dem die Russische

Orthodoxe Kirche versucht habe, sich ein katholisches Gebiet einzuverleiben, keinen Fall, in dem ein orthodoxer Priester mit einer aufgehetzten Menschenmenge eine katholische Kirche überfallen, die heiligen Gaben aus dem Tabernakel gerissen, die Ikone mit Füßen getreten, Altartücher herabgerissen habe – »und sie bedeuten doch für uns beide das gleiche! Das alles aber ist bei der Rückgewinnung der einst unierten Kirche in der Slowakei 1968 und jetzt in Galizien geschehen. Auch aus Rumänien hört man nichts Gutes. In Galizien könnte man sagen, sie haben Rache genommen, denn wir haben dort viel Übel angerichtet.« Er hob die Hand: »Aber so etwas haben wir nie getan.«

Nichts hat die Beziehungen zwischen der orthodoxen Kirche und Rom in den letzten Jahren derart belastet wie die Auseinandersetzung um die ukrainischen Katholiken. Sie waren auch der Grund, warum die russisch-orthodoxen Bischöfe der Einladung des Papstes zur Bischofssynode nach Rom im November 1991 nicht gefolgt sind.

Verschmähte Liebe schlägt oft in Haß um. Mit zu grobschlächtigen Methoden hatte die orthodoxe Kirche um die ukrainischen Katholiken geworben, die ihr 1946 von Stalin überantwortet worden waren. Im Verein mit der Sowjetmacht schlug sie damals dem westukrainischen Volk tiefe Wunden, die bis heute nicht verheilt sind. Als sei er mit Blindheit geschlagen, wühlte Patriarch Pimen 1986 bei dem 40 Jahr-Jubiläum der erzwungenen Rückkehr der ukrainischen Katholiken zur Orthodoxie in diesen Wunden, oder war es Absicht? »Vierzig Jahre sind vergangen«, hieß es in seiner Botschaft an die Westukrainer, »seitdem sich hier in Lwow, in der Kathedrale des Hl. Georg, die Vertreter der griechisch-katholischen Kirche Galiziens versammelten und in freier Willenskundgebung die ihnen von den Vorfahren aufgezwungene Brester Union von 1596 widerriefen und zum Glauben ihrer Vorväter in den Schoß der Russischen Orthodoxen Kirche zurückkehrten ... Ebenso dient die Einheit unserer Kirche auch der Festigung der Freundschaft zwischen den Völkern der UdSSR.«

Die Sowjetunion überlebte die Zwangsehe der ukrainischen katholischen Kirche mit dem Moskauer Patriarchat um knappe zwei Jahre. Nach dem ersten Vatikanbesuch Gorbatschows am 1. Dezember 1989 hat sich die Mehrzahl der einst unierten Pfarreien wieder als Ukrainische Katholische Kirche der katholischen Kirche angeschlossen. Ihr Ausscheiden aus der orthodoxen Kirche wird freilich nicht nur von Vertretern einer großrussischen Kirchenpolitik bedauert, selbst wenn man es für unvermeidbar hielt: »Sie waren für uns das westliche Element in der Kirche«, sagte ein Moskauer Priester. »Mit ihnen geht uns eine weitere Brücke nach Europa verloren. Die Balten haben uns verlassen, die Juden und Deutschen laufen uns davon. Wer wird in Zukunft für die Verbindung zum Westen sorgen? Rußland wird immer östlicher.«

Anders sehen es die orthodoxen Nationalisten, die Russophilen als Nachfolger der Slawophilen: In ihren Augen wird das Heilige Rußland seiner westlichen Gebiete beraubt. Für sie hat der römisch-katholische Expansionismus, andere nennen es den westeuropäischen »Weltherrschaftsanspruch«, wiederum einen Sieg über Moskau, das dritte Rom, errungen.

Ende des 16. und Anfang des 17. Jahrhunderts war das katholische polnisch-litauische Königreich ein ebenbürtiger, zeitweise sogar übermächtiger Feind, während Rußland in den »smutnoe vremja« unterzugehen drohte. Polen, schrieb Danilewskij, war »ein schädliches Mitglied der slawischen Familie, da es die gemeinsamen slawischen Anfänge verraten hatte und durch Gewalt und Verführung danach strebte, das der slawischen Welt feindliche katholische und schlachtaristokratische Prinzip bis ins Herz Rußlands hinein zu verbreiten.«

Im Juni 1605 hielt der »falsche Demetrius« dank polnischer Hilfe seinen Einzug in den Kreml. Schon im April 1604 hatte er in einem Brief an Papst Clemens VIII. die Union versprochen. Das Papsttum aber, gestützt auf die polnischen Jesuiten, erwartete von ihm mit fieberhafter Spannung die endliche Erfüllung seines alten Traumes: die Ausbreitung des Katholizismus in Rußland und die Wiedervereinigung der griechischen Kirche mit der römischen. Dimitrij selbst war noch in Polen, von Franziskanern bekehrt, heimlich zum katholischen Glauben übergetreten. Im Mai 1606 zog seine polnische Braut mit einem Gefolge von Tausenden Polen in Moskau ein, deren übermütiges Benehmen den Zorn der Bojaren und des Volkes bis zur Weißglut anfachte. In dem Aufstand wurden zwei- bis dreitausend Polen und Russen getötet, darunter Demetrius. Sein Leichnam wurde verbrannt und die Asche aus einer Kanone in alle Winde verstreut.

»Europa hat zwei Helfer zur Durchführung seiner Ziele und Pläne im Osten, zwei Arten eines organisierten Missionartums«, schrieb Danilewskij. »Die katholische Geistlichkeit (vornehmlich das Jesuitentum) und das revolutionäre Emigrantentum (besonders das polnische).«

Der Kampf der orthodoxen Kirche zur Errettung des russischen Staates in den Wirrzeiten, zum größten Teil gegen die katholischen Polen, wurde meistens mit antikatholischen Parolen geführt. »Sollen wir uns etwa den ketzerischen Lateinern fügen und dadurch den Juden gleich oder noch schlimmer werden?«, schrieb der Archimandrit des Dreifaltigkeitsklosters, Ioasaf. Kurz vorher, 1596, war in Brest eine Union der orthodoxen Bischöfe mit Rom im Gebiet des damaligen Polen-Litauens abgeschlossen worden. Die Russen, deren antikatholische Affekte schon seit dem Scheitern der Union von Florenz ziemlich stark waren, betrachteten die Brester Union und den dadurch ausgelösten Kampf zwischen den Unierten und Nichtunierten als einen Angriff auf die ganze Orthodoxie. Vom Katholizismus machten sich die damaligen Russen, unendlich weit von Europa entfernt und, bis auf eine winzige Minderheit, völlig unwissend, ein grauenhaftes Zerrbild, das die Kirche eifrig förderte. Das Wort »uniert« bedeutete im Munde eines orthodoxen Russen dieser Zeit soviel wie Glaubensverräter und Todfeind.

Heute indessen sagt der Erzpriester Vitali: »Wir Orthodoxe müssen uns mit der Union in Galizien abfinden, obwohl die

Brester Union eine Unterwerfung unter Polen war. Polens Drang nach dem Osten hat viel Unheil angerichtet. Ich bin Weißrusse und weiß, was da alles passiert ist. Es wurde zwar kein orthodoxer Bischof physisch gezwungen, die Union anzunehmen, das orthodoxe Volk aber ist betrogen worden. Das ist lange her. Heute sind wir Orthodoxen eine Minderheit. Aber auch Minderheiten haben ihre Rechte.«

Wir dürfen uns jedoch nicht täuschen, es gibt ungezählte orthodoxe Nationalisten, die viel eher dem Denken der Russen des frühen 17. Jahrhunderts zuneigen als dem von Vitali Borowoij.

Nach der Brester Union, in der sich die Mehrzahl der orthodoxen Bischöfe unter Beibehaltung des byzantino-slawischen Ritus der römischen Jurisdiktion unterstellte, wurden die zunächst widerstrebenden Laien verhältnismäßig schnell durch eine intensive Seelsorge und durch Bildungseinrichtungen für die katholische Kirche gewonnen. Nachdem allerdings der größte Teil der Unionsgebiete durch die polnischen Teilungen Ende des 18. Jahrhunderts Rußland zufiel, schritt der Staat trotz aller gegenteiligen Versprechungen sofort an die Aufhebung der Union. Nur in Galizien (bis 1918 österreichisch) konnte sich die Union bis zur Zwangsrückgliederung 1946 halten.

Der Weg der ukrainischen katholischen Kirche durch die Geschichte ist mit gebrochenen Versprechungen gepflastert, von Polen, von Rom und von Moskau. Trotzdem half die Union den Westukrainern ihre eigene Identität zu wahren: der byzantinische Ritus schützte sie vor der Polonisierung und die Zugehörigkeit zu Rom vor der Russifizierung.

Freilich ist es ein schlechtes Zeichen, wenn Rom die ukrainische katholische Kirche mahnt, sie dürfe, trotz der Bewährung der verheirateten Priester in den Jahrzehnten der Unterdrückung, das Ideal des ehelosen Priesters nicht verdunkeln. Dadurch müssen sich die verheirateten ukrainischen Priester desavouiert fühlen. Der lateinisch-polnischen Überheblichkeit fällt es eben schwer, die Tradition der Ostkirche tatsächlich als gleichwertig und gleichberechtigt anzuerkennen. Die

Bildung einer ukrainischen autokephalen orthodoxen Kirche wurde, nach den Worten ihres Inspirators, des einst unierten Lemberger Priesters Jarema, zum Teil aus Zorn über diese Geringschätzung angeregt.

Als Mittel zur Wiederherstellung der kirchlichen Gemeinschaft mit der Orthodoxie hat die Union versagt. Die Einheit der Christen kann nicht durch Aufspaltung der orthodoxen Kirche in Unierte und Nichtunierte erreicht werden. Nicht Union, sondern Gemeinschaft, Koinonia, heißt heute die Losung der orthodox-katholischen Ökumene.

Die Zukunft

Im September 1978 starb der Metropolit Nikodim während einer Audienz in den Armen des »kleinen Papstes«, Johannes Paul I. Darin mag man ein Gleichnis der Ökumene sehen, sagte man ihm doch nach, er habe für sich persönlich die angestrebte Kirchengemeinschaft schon vorweggenommen und sich als Mitglied sowohl der orthodoxen wie der katholischen Kirche verstanden. Nikodim war viele Jahre Leiter des Außenamtes der russischen Kirche gewesen, Vitali Borowoij einer seiner engsten und wichtigsten Mitarbeiter.

»Nikodim habe ich wegen seiner offenen Haltung zur katholischen Kirche sehr verehrt, er ist einer meiner Lehrer gewesen«, bekräftigt Aleksandr Rogow.

Keineswegs jeder ist Rogows Meinung. Metropolit Filaret von Kiew (in Njeshnis Artikel bezichtigt) erzählte gern, daß während eines Gottesdienstes Nikodims in Kiew unter den Gläubigen mißtrauisch geraunt wurde: »Schade, daß er katholisch ist.«

Einen tiefen Eindruck hat er hingegen auf den russischen Benediktinerpater und Kirchenhistoriker Johannes Chrysostomus gemacht, der abgrundtiefe Skepsis gegenüber der Patriarchatskirche empfand; in allen ihren Unternehmungen witterte er die Initiative des KGB. Eines Tages traf er mit Nikodim in Rom zusammen, sie sprachen die ganze Nacht. Fortan ließ Johannes Chrysostomus kein Wort der Verdächtigung der Patriarchatskirche mehr fallen.

In dem Religionsphilosophen Wladimir Solowjew (1853–1900), der ebenfalls die Kirchentrennung für sich nicht anerkannte, konnte Nikodim für seine Haltung auf ein berühmtes Vorbild hinweisen. Im Westen hatte Solowjew an katholischen Gottesdiensten und Sakramenten teilgenommen, in Rußland an orthodoxen.

Nikodims Bemühungen führten zu einem wechselseitigen orthodox-katholischen Angebot einer Sakramentengemeinschaft, d.h. ein Gläubiger war berechtigt, in einer Kirche des anderen Glaubens die Sakramente zu empfangen. Die anderen orthodoxen Kirchen waren über diesen Alleingang verärgert, außerdem spitzte sich die kirchliche Situation in der Ukraine 1986 zu, so daß der Heilige Synod die Verfügung aussetzte, »bis zu einer Entscheidung dieser Frage durch die Gesamtheit der Orthodoxie«. Dort ist man zur Zeit auf die Katholiken nicht gut zu sprechen: die serbischen Orthodoxen haben sich im Katholikenhaß eingemauert, die Griechen trauen seit altersher den Lateinern nur Schlechtes zu und führen unverdrossen die Plünderung Konstantinopels durch die Kreuzfahrer im Jahre 1204 an, so als handle es sich um das Jahr 1904.

Alle antikatholischen Ressentiments und Vorurteile der Orthodoxen wurden durch den Verlust der gleichsam als Kriegsbeute einverleibten unierten Kirche an Rom belebt und verstärkt.

Andrerseits wurde nach dem Zusammenbruch des sowjetischen Imperiums aller Welt zweierlei offenbar: erstens, daß die Russische Orthodoxe Kirche mit dem kommunistischen Regime bei der Unterdrückung einer Schwesterkirche zusammengearbeitet hat, und zweitens, daß diese die Gemeinschaft mit Rom der Rückkehr nach Moskau vorzieht.

Unter den Kommunisten war die katholische Kirche einer Sonderbehandlung unterworfen. Emil Jaroslawski, ein Vordenker der sowjetischen Kirchenpolitik, dekretierte 1933: »Es ist Aufgabe der kämpferischen Gottlosenbewegung, alle Annäherungsversuche zwischen den verschiedenen Konfessionen und dem Papsttum zu bekämpfen.« Die Konferenzen des Weltkirchenrates tat er geringschätzig ab: »Seine Entscheidungen verpflichten niemanden, man redet sich über das Reich Gottes müde, erzeugt viel Nebel, und alles bleibt beim Alten.«

Später sahen die Kommunisten ein, daß die Ökumenische Bewegung weltweite Aufmerksamkeit gewann, und setzten alles daran, um zu verhindern, daß sie eine antikommunistische Richtung einschlug. Der Politik der Bagatellisierung und Isolierung folgte die Beeinflussung durch die Teilnahme von Vertretern der Russischen Orthodoxen Kirche am Weltkirchenrat, der Gesamtorthodoxen Konferenz und sogar dem 2. Vatikanischen Konzil. Ein Meister der Methode »Überwindung des Gegners durch Zusammenarbeit« war Nikita Chruschtschow: Zu Hause reduzierte er die Zahl der geöffneten Kirchen von 22000 auf 10000, der Klöster von 69 auf 31 und der Priesterseminare von acht auf drei. Auf internationalen ökumenischen Treffen ließ er gleichzeitig »seine« Bischöfe Resolutionen gegen die Unterdrückung der Schwarzen in Amerika und Südafrika verfassen. Einer naiven westlichen Öffentlichkeit konnte er einreden, daß eine Kirche, die sich so stattlich im Ausland vertreten lasse, nicht unterdrückt werde.

Aber die Verstrickung der orthodoxen Kirche mit dem kommunistischen Regime wirkt bis heute nach. Jene Bischöfe, deren Zusammenarbeit mit dem KGB inzwischen nachgewiesen wurde, stechen durch schrille antiökumenische Töne hervor, so als wollten sie damit ihre Loyalität zur Orthodoxie besonders unterstreichen. Als Diener zweier Herren hatten sie bei ihren häufigen ökumenischen Auftritten auch andere Aufgaben als die Pflege zwischenkirchlicher Beziehungen, sie mußten vornehmlich den Zielen kommunistischer Weltpolitik dienen.

Es waren die besonders kompromittierten Metropoliten Pitirim und Juvenali, die Dank ihres großen Einflusses im Heiligen Synod die Teilnahme an der Bischofssynode im Dezember 1991 wegen der Ereignisse in der Westukraine verhinderten. Mit dem Beifall der großen Menge konnten sie dabei sicher rechnen.

»Das ökumenische Denken ist in Rußland schwach entwikkelt, unter der Hierarchie wie unter den Gläubigen«, meint Konstantin Pleschakow. »Es hat hier keine Wurzeln und keine Tradition. In den Zeitungen und Zeitschriften erscheinen immer wieder Artikel, in denen Priester oder Laien die anderen Konfessionen auf die primitivste Weise beleidigen.«

Der Erzpriester Vitali Borowoij macht kein Hehl daraus, daß er die Absage an die Bischofssynode in Rom bedaure. »Sie wäre sehr wichtig gewesen. Die Erfahrung der katholischen Kirche in der Pastoral (Seelsorge), bei der Evangelisierung Europas könnte uns sehr hilfreich sein. Aber auch wir hätten etwas zu sagen aufgrund unserer spezifischen Erfahrungen.« Die gleiche Ansicht hatte Metropolit Kyrill von Smolensk, der Leiter des Außenamtes der russischen Kirche und ein Schüler Nikodims, in Gesprächen geäußert.

Es gebe aber in der katholischen Kirche zwei Strömungen, gibt Vater Vitali zu bedenken: Die eine sei wahrhaft an der »Christianisierung« interessiert, die andere hingegen wolle die »Katholisierung«, mit anderen Worten die Expansion auf Kosten der Orthodoxie. In der Tat hörten wir auch von liberalen russischen Intellektuellen den entschiedenen Einwand gegen jeglichen Versuch der Katholiken und Protestanten, in Rußland Proselytentum zu betreiben und zu diesem Zwecke konkurrierende Strukturen aufzubauen. Hingegen verlange die Achtung des religiösen Selbstbestimmungsrechtes, daß individuelle Konversionen, wie im Fall von Natascha, gestattet sein müßten.

Der Vorwurf der Proselytentums, oder gröber ausgedrückt des Abwerbens, wird allerdings von den Orthodoxen weniger gegen die Katholiken als gegen die reformatorischen Kirchen erhoben. »Unsere Beziehungen mit den Katholiken sind einfacher, weil wir gemeinsame Wurzeln haben«, schrieb Vater Aleksandr Meñ schon vor zehn Jahren, »mit den Protestanten sind sie komplizierter, von den Pfingstlern, Baptisten und anderen Sekten ganz zu schweigen.«

Der Erzpriester Vitali Borowoij denkt nur an die Beziehungen zur päpstlichen Kirche, wenn er meint: »Wir haben viel Schlechtes auf beiden Seiten getan, erkennen wir unsere historischen Sünden auf beiden Seiten an. Wir und die katholische Kirche bestehen nicht nur aus Engeln. Aber auf der Vergangenheit kann man die Zukunft nicht aufbauen.« Extremisten, Fanatiker, Chauvinisten, engstirnige Dummköpfe, die gebe es in allen Kirchen, das sei unvermeidlich, »und bis zum Ende werden wir und Sie die sündhaften Menschen in den Kirchen haben«.

»Wir müssen endlich aus der Sackgasse der Vergangenheit treten. Wenn wir neue Verbindungen knüpfen, wird es leichter für beide Seiten sein, mit den Extremisten fertigzuwerden und einander zu helfen.«

Was tun?

»Wir müssen das Vaterunser, das ›Vergib uns unsere Schuld, wie auch wir vergeben unseren Schuldigern‹ auf unsere Beziehungen anwenden«, sagt Vater Vitali. Der Papst habe den Schlüssel zur Annäherung in der Hand. »Wenn er erklärt, daß wir in der Geschichte nicht brüderlich miteinander umgegangen sind, werden auch wir erklären, daß wir uns vom Staat haben benützen lassen und daß wir den Staat als Instrument benützt haben.«

Theologen und Historiker beider Seiten sollten die Papiere ausarbeiten, die katholische Kirche müsse überdies unzweifelhaft klarmachen, daß sie die orthodoxe nicht vereinnahmen wolle.

Unter orthodoxen und katholischen Ökumenikern ließe sich in folgenden drei Punkten bereits heute eine Einigung erzielen: 1. Beide Kirchen bedauern, unredliche Mittel gegeneinander benützt zu haben. 2. Die in der Vergangenheit zustande gekommenen Unionen werden anerkannt. 3. Teilunionen werden nicht mehr angestrebt.

»Jetzt ist die Chance, die Einheit wiederherzustellen, an der sich beide Kirchen, indem sie die Teilung beförderten, historisch versündigt haben«, erklärt Vater Vitali. »Wir brauchen neue Methoden dafür: Nicht Vereinigung und nicht Union, sondern Koinonia.«

In einem großen historischen Zusammenhang hat Aleksandr Meñ die Ökumene gesehen. »Dank der Teilung vermied das Christentum die Nivellierung und ein streng monolithisches System«, schrieb er 1981 in einem Brief an die Gemeinde. »In jeder Konfession (auf verschiedenen Ebenen) entwickelten sich spirituelle Gaben, blühten Gerechte und Heilige.« Man könne in der Entwicklung der Kirche eine gewisse Regelmäßigkeit entdecken: zuerst die unteilbare Einheit, dann die Teilung und schließlich die Vereinigung auf einem höheren Niveau. Dieses letzte Stadium sei der Verwirklichung schon nahe. »Nahe, das versteht sich, nach historischen Maßstäben und nicht nach der Dauer eines individuellen Lebens.«

Früher habe jede Konfession gedacht, der Weg zur Einheit sei der Proselytismus, d.h. die Bekehrung von allen zum eigenen Glauben. »Jetzt versteht man, daß andere Wege vonnöten sind, und daher wählt man den Weg der Annäherung.« Vater Aleksandr Meñ hat diese Meinung mit dem Tode bezahlt.

Ostkirche und Westkirche

Wer an der Trennung festhalten will, wird keine Schwierigkeiten haben, Glaubenssätze und Praktiken zu nennen, die die Trennung weiterhin rechtfertigen, ja fordern. Die Liste der »Unvereinbarkeiten«, die ein orthodoxer Fundamentalist aufstellen kann, ist allerdings länger als die eines katholischen Fundamentalisten:

Der päpstliche Primat (die Lateiner sprechen vom Jurisdiktionsprimat, die Orthodoxen vom Ehrenprimat). »Die orthodoxe Kirche erkennt als ihr Oberhaupt nur Christus an, den Erlöser selbst, wodurch sie sich von den anderen Kirchen unterscheidet«, sagt Rogow mit stolzem Selbstbewußtsein. »Der Patriarch steht vor dem Altar Gottes für unser unglückliches Vaterland.«

Ein zweiter Standpunkt ist das »Filioque«. In das Glaubensbekenntnis von Nizäa 325 hat die lateinische Kirche im 9. Jahrhundert zur näheren Bestimmung des Hervorgehens des Hl. Geistes vom Vater den Zusatz: »und vom Sohne« (filioque) hinzugefügt, wohingegen die Ostkirche beim ursprünglichen »vom Vater« blieb.

Verschieden ist auch die Lehre vom Fegefeuer. Die lateinische Tradition spricht vom Reinigungsort, die orthodoxe vom Reinigungszustand zwischen individuellem Tod und allgemeiner Auferstehung.

Die neuen katholischen Mariendogmen haben ein weiteres Hindernis errichtet: Die »Unbefleckte Empfängnis« 1854 und die »Leibliche Aufnahme Mariens in den Himmel« 1950.

Schließlich werden von Ökumene-Feinden eine Reihe von Praktiken und Gebräuchen als trennend empfunden: Die Einführung eines neuen Kalenders durch Papst Gregor XIII. im Jahre 1582, wodurch Westchristen und Ostchristen die unbeweglichen Feste und Ostern (nicht immer) an verschiedenen Tagen feiern; die Einführung der Instrumentalmusik in den Gottesdienst im 13. Jahrhundet; die Verwendung ungesäuerten Brotes (Azymen) bei der Eucharistiefeier; die Erlaubnis, zeitweise sogar Anordnung, des Bartscherens für Kleriker; das Verbot der Priesterehe.

Wer dagegen die Trennung überwinden will, wird keine unüberwindlichen dogmatischen Hindernisse finden. Dennoch gäbe sich jeder einer Täuschung hin, der nicht sehen will, daß fundamentale Wesensunterschiede zwischen dem westlichen und dem östlichen Christentum bestehen, die tief in die Denk- und Erfahrensstrukturen, und zwar nicht nur der Kirchen, sondern der Völker hinabreichen.

Ihre Ursprünge können wir historisch nicht ausloten, wohl aber Metamorphosen im Laufe der Jahrhunderte feststellen. Von großer, ja entscheidender Bedeutung war die Verlegung der Kaiserresidenz durch den ersten christlichen Kaiser, Konstantin, vom Tiber an den Bosporus im Jahre 326. Die zunächst rein politische Maßnahme erwies sich für das kirchliche Denken und Handeln als äußerst folgenreich. Dabei war es entscheidend, daß die Verlegung der Hauptstadt zu einem Zeitpunkt erfolgte, als die Kirche aus der Illegalität an die Öffentlichkeit trat. Die Ostkirche hatte sich vom Augenblick der Freiheitsgewährung an im Schatten des übermächtigen Kaiserhauses zu entfalten. Die Westkirche dagegen mußte ohne den unmittelbaren Schutz, aber damit auch frei von unmittelbarer Bevormundung durch den Kaiser ihren Weg suchen.

Die Kirchen von Rom und Byzanz begannen damit ihren Weg durch die Geschichte unter erheblich verschiedenen Bedingungen, die sich nicht nur auf das Verhältnis der Kirche zum Staat, sondern zur gesamten irdischen Wirklichkeit, ja auch den theologischen Denkstil auswirkten. Das theoretisch geprägte Griechentum und das praktisch eingestellte Römertum erfuhren durch diese Unterschiede eine weitere Potenzierung.

Während der griechische Osten von der theologischen Spekulation über die Dreifaltigkeit und das Verhältnis von göttlicher und menschlicher Natur in Jesus gefangen genommen wurde, beschäftigte sich die Theologie des Westens mit dem Problem des Zusammenwirkens von göttlicher Gnade und menschlichem Tun.

Hatte der Bischof von Rom dank der größeren Entfernung zum politischen Machtzentrum einen größeren Handlungsspielraum, dann hatte er auch eine größere Verantwortung für die Regelung der weltlichen Angelegenheiten. Diese Verantwortung erstreckte sich von der Sorge um Arme und Kranke bis hin zur Landesverteidigung. Der römischen Kirche kamen subsidiär weit mehr soziale und politische Aufgaben zu als der unter dem kaiserlichen Schirm wirkenden byzantinischen Kirche. Dieser Unterschied hatte auch Auswirkungen auf die theologischen Weichenstellungen. Die westliche Kirche sah ihre Aufgabe vornehmlich darin, die Welt zu Gott zu führen, im Bereich der Ostkirche übernahm der Kaiser diese Aufgabe. Der Kirche war vor allem aufgetragen, den göttlichen Bereich in dieser Welt zu repräsentieren.

Die verschiedenen Akzente werden in einzelnen theologischen und sakramentalen Bereichen deutlich. Im Westen heißt die Eucharistiefeier Messe, im Osten heißt sie göttliche Liturgie. Sie ist nicht so sehr Vergegenwärtigung des Abendmahls und des Kreuzesopfers als vielmehr Vorwegnahme der ewigen göttlichen Verherrlichung. Im Westen haben die Heiligenbilder einen stark didaktischen Aspekt. Die Bilderzyklen der Biblia Pauperum für jene, die nicht lesen können, machen dies deutlich. Im Osten sind die Ikonen Organe, durch die die göttliche Welt in unsere Welt hineinblickt, in unserer Welt präsent wird. Im Westen entwickelt sich in verschiedenen Phasen eine kirchliche Soziallehre. Im Osten gibt es davon nur Spuren. Dort bemüht sich eine Sophia-Lehre, eine Lehre von der personifizierten göttlichen Weisheit, die Gegenwart Gottes in dieser Welt deutlich zu machen. Im Westen stützt sich die Theologie auf den aristotelischen Realismus, im Osten leistet der platonische Idealismus Hilfsdienste.

Das aristotelische Denken nimmt die konkreten Einzelwesen zum Ausgangspunkt, um über sie zur Erkenntnis einer Erstursache, zu Gott zu gelangen. Der Platonismus dagegen geht vom Sein der Ideenwelt aus, die konkreten Einzelwesen sind nur insofern wirklich, als sie an der Wirklichkeit ihrer Idee partizipieren.

Entsprechend diesem Denkmuster ist die aristotelisch strukturierte westliche Theologie bestrebt, die Wirklichkeit der konkreten Einzeldinge ernst zu nehmen und sie einer Verchristlichung zuzuführen. Der platonisch eingestellten Theologie dagegen geht es vor allem um die Darstellung des göttlichen Bereichs im Diesseits, präsent gemacht durch Liturgie, Sakramente und Ikone.

Am bedeutungsvollsten für die gesellschaftliche Entwicklung war das unterschiedliche Verhältnis von Kirche und Staat. Die Rivalität zwischen Kaiser und Papst, der Dualismus, hat im Westen Freiräume geschaffen, die eine weitere Differenzierung der Gesellschaftsstruktur und der Gewaltenteilung, mithin den Pluralismus, ermöglichte.

Zugrunde liegt auch ein völlig unterschiedliches Rechtsbewußtsein. Ohne die Überzeugung, daß dem Menschen, unabhängig von jeder Rechtsprechung, Rechte zustehen, ist der Willkür der Herrschenden keine Grenze gesetzt. Gerade an dieser Lehrtradition mangelt es der in byzantinischer Kontinuität stehenden orthodoxen Kirche.

Fedor Stepun, einer der maßgebenden Vermittler ostkirchlichen Gedankengutes im Westen, sah darin eine der Ursachen für die Ohnmacht des Individuums gegenüber der Staatsmacht: »Die fehlende Rezeption des Naturrechtes hat im russischen religiösen Bewußtsein die theologische Basis für die subjektiv öffentlichen Rechte und damit auch die Demokratie genommen ... für die Russen war Recht nie etwas anderes als die von den gesalbten Herrschern erlassenen Gesetze. Die Kirche, die sie salbte und krönte, hat sie in der Meinung immer nur bestätigt.«

Zu ähnlichen Überlegungen war bereits Tschaadajew gekommen. Das russische Volk sei auf eine hoffnunglos unzerstörbare Weise »völlig gleichgültig zur Art der Herrschaft, die sie regiert«. Die errichtete Macht sei immer heilig. Grundlage der sozialen Struktur sei die Familie, »deshalb vermag das russische Volk in der Herrschaft nie etwas anderes zu sehen als die elterliche Autorität ... jeder Herrscher, wie er auch sein mag, ist für ihn das Väterchen. Wir sagen z.B. nicht, ich habe das Recht, das und das zu tun, wir sagen, das ist erlaubt, das ist nicht erlaubt. In unserer Vorstellung straft nicht das Gesetz den schuldig gewordenen Bürger, sondern der Vater bestraft das unfolgsame Kind ... aufgrund dessen wird nur das verliehene Recht anerkannt und jeder Gedanke an ein Naturrecht abgewiesen.«

Weil der Schwerpunkt der ostkirchlichen Tradition nicht so sehr in der theologischen Lehre und im Einwirken auf die Gesellschaft als vielmehr in der liturgischen Feier liegt, finden wir in ihr zentrale Aussagen über das christliche Menschenbild. Die Würde des von Gott nach seinem Bild geschaffenen und in Christus erlösten Menschen ist ein Hauptthema der eucharistischen Gebete und Hymnen.

Die Distanz zur weltlichen Macht und das Eintreten für die von ihr Verfolgten, die wir bei den Hierarchen so häufig vergeblich suchen, die finden wir in den liturgischen Texten. Im zweiten Sonntagsantiphon kommt der Psalm 145 zu Worte: »Verlasset euch nicht auf die Fürsten, auf die Söhne von Menschen, bei denen kein Heil ist. Gehet ihr Odem aus, so werden sie wieder zur Erde. An jenem Tage vergehen ihre Anschläge.«

Die Basilius-Liturgie nennt einzelne bedrückte Gruppen direkt beim Namen: »Gedenke, Herr, jener, die vor Gericht stehen, die in den Bergwerken arbeiten, in der Verbannung unter einer harten Knechtschaft ...«

Russische christliche Bürgerrechtler haben wiederholt an die Menschenrechts-Traditionen der Russischen Orthodoxen Kirche apelliert. Jahrhunderte hindurch nahmen Moskauer Metropoliten und Patriarchen, oft unter Einsatz ihres Lebens, das Recht der Fürsprache für ungerecht Verfolgte wahr.

Der später heiliggesprochene Metropolit Filipp klagte Iwan IV. öffentlich wegen der Massenhinrichtungen an, hielt ihm beim Gottesdienst seine Missetaten vor und verweigerte ihm den Segen. Rasend vor Zorn befahl ihm der Zar zu schweigen, doch der Metropolit lehnte mit Hinweis auf seine Hirtenpflicht solches Ansinnen ab. Er wurde abgesetzt und in ein Kloster in der Nähe von Twer verbannt. Trotzdem wünschte Grosnij seinen Segen, als er, auf dem Weg nach Nowgorod zu einem neuen, fürchterlichen Blutbad, am Kloster vorbeiritt. Er schickte seinen Vertrauten Maljuta zu Filipp, der standhaft erwiderte, daß er seinen Segen nur Guten für das Gute erteile. Maljuta erdrosselte ihn auf der Stelle.

Neben den mutigen Hierarchen traten in Zeiten grausamer Despotie die »Heiligen Narren« oder wie ihr offizieller Heiligentitel lautet, die »Narren um Christi willen«, als Verteidiger der Menschenrechte auf. Wenn schon alle anderen Instanzen vor den Grausamkeiten des Despoten schwiegen oder zum Schweigen gebracht worden waren, erhoben sie ihre Stimme. Als Iwan IV. die Stadt Pskow in ähnlich furchtbarer Weise zu zerstören drohte wie zuvor Novgorod, ließ der heilige Narr Nikolai im Einverständnis mit dem Statthalter in den Straßen Tische mit Brot und Salz aufstellen, um den Zaren nach russischem Brauch willkommen zu heißen. Als Grosnij nach dem Gottesdienst zu dem Heiligen kam und seinen Segen erbat, setzte ihm Nikolai blutiges Fleisch vor und lud ihn ein, davon zu essen. »Ich bin ein Christ und esse kein Fleisch während der Fastenzeit«, entgegnete der Zar. »Ja, aber das Blut der Christen trinkst du wohl«, antwortete der Narr.

Die Tradition wurde allezeit am Leben erhalten, Avvakum nannte sich einen »Narren um Christi willen«, Tschaadajew wurde auf Befehl des Zaren für verrückt erklärt, und unter Breschnew waren es Oppositionelle, die als Verrückte und Narren in psychiatrische Anstalten eingesperrt wurden und psychiatrische Zwangsbehandlung erdulden mußten, weil sie den Despoten Trotz boten.

Wirren

»Hat Rußland noch eine Zukunft? Diese Frage hat sich Tschaadajew vor 150 Jahren gestellt und Oswald Spengler vor 70 Jahren, und wir müssen sie heute, in dieser Zeit der Wirren wieder stellen«, urteilt der Moskauer Politologe Andranik Migranyan, von Geburt Armenier, schwarzbärtig, in schwarzer Lederjacke, dessen Blick, während wir unser Gläschen Kognak im Buffet trinken, keine schöne Frau entgeht. Spengler entwickelte den Begriff der Pseudomorphose, der Falschbildung, den er der Geologie entlieh. »Nur einige wenige Völker haben sich selber verwirklicht, haben ihre Kultur, ihre Institutionen, ihre politischen Einrichtungen gemäß ihrer eigenen Persönlichkeit gebildet«, fährt Migranyan fort. »Rußland noch nicht.« Rußland sei abwechselnd von Byzanz, den Tataren, vom Europäismus Peters des Großen und schließlich vom Marxismus geprägt worden.

Rußland – eine riesige, noch nicht fertig gebildete Masse. Der Gedanke ist nicht neu. Von Anfang an ist Rußland einem anderen, langsameren historischen Takt gefolgt als die Staaten Westeuropas. Noch heute sei der Russe »innerhalb der Völkerfamilie der mittelalterliche Mensch«, schreibt Egon Friedell. »Deshalb gibt es nur in Rußland ... noch Propheten wie Tolstoi und Heilige wie Dostojewskij.« Viele Historiker setzen das Ende des russischen Mittelalters mit der Thronbesteigung Peters I. an. Das ganze 17. Jahrhundert sei eine Einleitung zur petrinischen Reform, ähnlich wie das deutsche 15. Jahrhundert eine Vorstufe zur Reform Luthers, meint Karl Stählin.

Nehmen wir die Geschichte Europas zum Vergleich, sozusagen als Schablone, dann ist die russische Geschichte immer verspätet und mangelt der großen Anstöße und Quellenströme, der Renaissance, Reformation, Aufklärung. Auch die Revolution von 1917 läßt sich als eine verspätete Version der Französischen von 1789 einstufen.

Das langsame Tempo der russischen Geschichte, unterbrochen von den gewaltigen Kraftausbrüchen, und die unendliche Beharrlichkeit der Orthodoxie haben wechselseitig aufeinander gewirkt. »Wir haben den Geist des Urchristentums bewahrt, in der Lehre und in der Liturgie«, sagen die meisten Orthodoxen stolz, »unsere Kirche ruht unververändert in den Lehren der Hl. Schrift, der Kirchenväter und der Ökumenischen Konzilien.« Die wenigen Reformansätze beschränkten sich auf den Ritus und den religiösen Text. Der gläubige Russe kann eschatologisch denken und kultisch leben, ähnlich den

Menschen des frühen Christentums. Kein einziges Volk Westeuropas habe in den letzten drei Jahrhunderten »so hartnäkkig und unablässig über das Ende der Welt nachgedacht« wie das russische, schrieb Mereschkowskij. Für kein Volk Westeuropas hat die Liturgie, das heißt der Kult eine so zentrale Bedeutung wie für die Russen.

Von Beharrung, vom langsamen Strömen ist auch seine Geisteskultur, sein religiöses und philosophisches Denken charakterisiert. Es fehlten die Städte, und es fehlte die Mittelklasse, in der sich, wie im alten Europa, Künste und Geisteskultur hätten entwickeln können. Noch bis tief ins 17. Jahrhundert hinein war die Oberschicht ungebildet und in ihrer Lebensart rauh und grob. Das galt auch, mit wenigen Ausnahmen, für den orthodoxen Klerus. Keine Scholastik bildete logische und analytische Fähigkeiten aus, keine Renaissance nährte den Skeptizismus und Relativismus. »Bis ins letzte Viertel des 19. Jahrhunderts hinein hat es in Rußland im Grunde eine akademische Philosophie vom europäischen Typ nicht gegeben«, schreibt Kolakowski. Erst ab dem 17. Jahrhundert hat sich eine Art Schultheologie entwickelt, die indessen heute von orthodoxen Theologen als traditionswidrig abgelehnt wird. Rußlands große religiöse Denker im 19. Jahrhundert waren Schriftsteller und literarische Laien, mit ihnen erreichte die russische Literatur eine religiöse Tiefe wie keine europäische.

»800 Jahre lang bis Peter schliefen wir; von Peter bis Puschkin begannen wir zu erwachen«, schreibt Mereschkowskij; »in dem halben Jahrhundert von Puschkin bis Tolstoi und Dostojewskij durchlebten wir ... drei ganze Jahrtausende der westeuropäischen Menschheit. Der Atem vergeht einem von dieser Schnelligkeit des Erwachens, die der Schnelligkeit eines Steinfluges in den Abgrund gleichkommt.«

Der Petrinismus schloß das Jahrhundert ab, das mit der »smutnoe vremja«, der Zeit der Wirren, begonnen hatte; der Bolschewismus hingegen endet in einer »smutnoe vremja.« Das Ende dieser »Zeit der Wirren« ist nicht abzusehen, eher in Jahrzehnten als in Jahren. Es ist auch eine Zeit der Gärung, die ein radikal verändertes, neues Rußland hervorbringen wird: politisch, wirtschaftlich und intellektuell.

Die Gärung hat viele schlummernde Kräfte geweckt, gute und böse; sie läßt die besten Russen darüber grübeln, diskutieren, sich besinnen, was das Wesen des Russentums und der Orthodoxie ist; sie läßt auf der anderen Seite die primitiven Instinkte, das Triebhafte, den Barbarismus zur Entfaltung kommen.

Sergej Kunayew, ein junger Literaturwissenschaftler und Sohn eines solchen von großem Einfluß, ist ein Mann, der an Rußlands Schicksal leidet. Wir hatten uns im Schriftstellerclub verabredet, der einen trostlosen Eindruck machte. Er sprach seine Sätze nicht einfach, nein, sie brachen aus ihm hervor, er stöhnte, er rang die Hände, er drehte die Schultern. Manchmal dachte er lange nach, bevor er weitersprach, und man begann zu fürchten, er ersticke an den Worten.

»Nicht das erste Mal ist die Existenz Rußlands in diesem Jahrhundert in Frage gestellt«, sagte er, »aber sie ist noch schlimmer als 1917. Ich rede vom Empfinden der Leute, nicht nur von den Tatsachen. Wir hören, was Alexander Blok 1917 ausrief: Rußland geht unter!«

»Der wesentliche Unterschied zu 1917 ist, daß damals die orthodoxe Kirche noch in voller Kraft stand und sich auf die große Menge der Gläubigen stützte, und die Mehrheit der Bevölkerung war damals gläubig. Tichon wurde zum Patriarchen gewählt, ein sehr mutiger Mann, sehr populär. Die Kommunisten haben das begriffen, sie waren ja nicht dumm, die Kommunisten.«

Kunayew pflegt, ob in Selbsttäuschung, Unwissenheit oder bewußt, einen falschen Mythos: Solschenizyns vernichtenden Befund über die im Jahr 1917 nur äußerlich stark scheinende Kirche nimmt er schlichtweg nicht zur Kenntnis.

In seinem Brief vom September 1974 an das Konzil der Exilkirche schrieb Solschenizyn, vor sechzig, achtzig Jahren hätten die Jugend und die Intelligenz die orthodoxe Kirche gemieden und verspottet. Die jahrhundertelange Erniedrigung der Geistlichkeit, »ihre Bedrückung durch den Staat und die Verschmelzung mit ihm, der Verlust der geistigen Unabhängigkeit und deshalb der Verlust der Autorität in der Masse der gebildeten Klassen«, der städtischen Arbeiter, und, das Schrecklichste, die Erschütterung ihres Ansehens bei den Bauern, »diese Lage der russischen Kirche wurde zu einer der Hauptursachen der Unumkehrbarkeit der revolutionären Ereignisse«.

1907 schrieb der Schriftsteller Dimitrij Filosofow (1872–1940): »Unsere Kirche ist bereits tot und gleicht dem Lazarus am vierten Tag«, und 1910 beschrieb er in einem Osterartikel die bedrückende Atmosphäre in einer Dorfkirche, wo man dauernd das Näseln und Röcheln eines angetrunkenen Klerikers hörte. »Und wieviel flammende Anhänger hatte der militante Atheismus in den zwanziger Jahren«, schrieb Solschenizyn in seinem Brief, »daran erinnere ich mich gut, das waren diejenigen, die tobten, die Kerzen ausbliesen und die Ikonen mit dem Beil zerschlugen.«

In den Augen der nationalistischen Intelligenz, wie sie Vater und Sohn Kunayew repräsentieren, wird jedoch der falsche Mythos einer starken orthodoxen Kirche vor der Revolution, der im übrigen sehr verbreitet ist, für politische Zwecke benützt. Vermutlich kommt man den Realitäten näher, wenn man annimmt, daß die Russische Orthodoxe Kirche heute in der Bevölkerung mehr Achtung genießt als vor der Oktoberrevolution und in den ersten Jahren danach; ein Grund ist die Niederlage des Atheismus der Kommunisten.

Daß indessen Tichon als Patriarch großen Mut vor dem Fürstenthron Lenins bewiesen hat, darf ihm niemand absprechen, auch jene nicht, die ihm vorwerfen, er sei nach seiner Freilassung 1923 »umgefallen«.

Als Tichon am 21. November 1917 in der Mariä Himmelfahrts-Kathedrale im Kreml inthronisiert wurde, saßen schon die Vertreter der kommunistischen Regierung, die einen erbarmungslosen Kampf gegen das Christentum und überhaupt gegen jede Religion auf ihr Banner geschrieben hatten, nebenan. 200 Jahre hatte die Kirche auf den Augenblick gewartet, da sie, von den petrinischen Fesseln befreit, wieder selbständig ihr Oberhaupt wählen und krönen durfte. Der längst vergessene Ritus der Inthronisation war von einer speziellen Kommission zusammengestellt worden. Heute wissen wir, daß jene prunkvolle Feier im Grunde ein Begräbnis war. Rußlands Geschichte ist reich an solchen Paroxysmen; war nicht der Augustputsch von 1991 auch ein solcher?

Patriarch Tichon (1865–1925), der Sohn eines orthodoxen Priesters, ahnte jedoch, was bevorstand. In seiner Ansprache bei der Inthronisation warnte er vor Kleinmut: »Herr, die Söhne Rußlands haben deinen Bund verlassen, deine Altäre zerstört, auf die Heiligtümer der Kirchen und des Kreml geschossen, deine Priester getötet ... und der Herr scheint nur zu sagen: Geh hin und suche diejenigen, um derentwillen noch das russische Land besteht.«

Am 22. Januar 1918 billigte das Konzil, das damals noch immer tagte, das Anathem Tichons gegen die Kommunisten und ihre Anhänger. Da er gestorben ist, ohne den Bann zu lösen, ist es formell noch heute in Kraft.

»Dann begannen die Verfolgungen, viele Jahrzehnte Verfolgungen«, sagte Kunayew, »und die Kirche konnte nicht mehr die Position einnehmen wie ehedem, und kann es heute nicht. Auch Persönlichkeiten wie Tichon sind nicht mehr vorhanden.«

In den Augen nationalistischer Intellektueller wie Kunayew ist die Orthodoxie zwar das Herz im Leibe des Titanen Rußland, aber der Glaube an das heilige Vaterland beansprucht den Vorrang, anders als bei Rogow, der in erster Linie orthodoxer Christ ist.

Darum erscheinen ihm auch die Angriffe auf die kirchliche Hierarchie in »Ogonjok« und anderen Zeitschriften in völlig anderem Lichte als dem Kunstgelehrten.

»Ich glaube diesen Publikationen nicht. Seit 1985 ist diese Tendenz festzustellen, mit häufigen Unterstellungen, die Fakten in einen ganz bestimmten, tendenziösen Zusammenhang zu stellen.«

»Welche Tendenzen, gegen wen gerichtet?«

»Gegen die patriotischen Kräfte Rußlands«, sagte er, und sein knochiges Gesicht verzog sich schmerzvoll und seiner Brust entrang sich ein Stöhnen, er rollte die Rs, und das »protiv« (gegen) und »Rossiya« (Rußland) kam wie Glut aus seinem Munde. Genaugenommen habe die Agitation in den Zeitungen gegen die Kirche 1986, mit der Perestrojka angefangen und sich immer weiter gesteigert. Und warum gegen die Kirche? »Weil sie der Sammelpunkt für die patriotischen Kräfte sein könnte. Aber heute sind sie nicht mehr in der Lage, den Drang in die Kirche zu verhindern. Wer »sie« seien? Nun, Männer wie Alexander Jakowlew, der ehemalige Berater Gorbatschows, »ein scharfer Atheist, der weder an Gott noch an den Teufel glaubt. Aber seit einiger Zeit will er sich nicht das Vergnügen nehmen lassen, wie Jelzin in die Kirche zu gehen und mit der Kerze in der Hand gesehen und vom Fernsehen dabei gefilmt zu werden.«

»Sie«, das sind aber vor allem auch Leute wie Njeshni, die mit ihren Angriffen der Kirche Schaden zufügen wollen, letztlich nur um den Patrioten den Boden unter den Füßen wegzuziehen. »Vielleicht stimmt sogar manches, was Njeshni schreibt, vielleicht stimmen die angeblichen Beweise. Aber es wird in einem bestimmten ideologischen Zusammenhang gebracht. Man kann auch im persönlichen Leben eines Priesters oder Bischofs wühlen und hervorzerren und aus ihm eine gespenstische Figur machen, die nicht in die orthodoxe Kirche gehört. Aber das soll nicht die Sorge von Laien sein, die noch dazu nicht am Gottesdienst teilnehmen.« Den Einwand, daß Njeshni ein frommer, praktizierender Orthodoxer sei, wischte er beiseite.

Wie schäbig sei diese Diskussion, auf welch niederes Niveau gesunken, rief Kunayew aus, man dürfe sie wahrhaftig nicht mit den brillanten und des Gegners Würde wahrenden, heißen und leidenschaftlichen Diskussionen im 19. Jahrhundert zwischen Slawophilen und Zapadniki vergleichen. »Denn damals waren beide Parteien für ein starkes, großes und einheitliches Rußland. Nur über den Weg waren sie unterschiedlicher Meinung. Und heute ...?« Er verstummte, den Kopf zur Decke gewandt, und seine Hände verklammerten sich ineinander, ein dicker Haarschopf fiel in die Stirn. Dann eruptierten die Worte, wurden wie Lavabrocken in die Luft geschleudert: »Heute wollen die guten Patrioten, von mir aus nennen Sie sie Russophile, wir wollen alles, was die Russen als Volk erhält: mit einer einzigen Kultur, einer Sprache, einem Staat, und mit der Russischen Orthodoxen Kirche, welche die Regierenden segnet.« Er seufzte tief: »Oder wird das alles durchgestrichen?«

Eine Polemik, fuhr er nach einer langen, qualvollen Pause fort, setze voraus, daß man Argumente hat und des Gegners Argumente prüft und achtet. An diese Prinzipien hätten sich Slawophile und Zapadniki im 19. Jahrhundert gehalten. Und heute? »Aber wenn ein russischer Patriot als Antwort erhält, er sei ein Faschist, dann kann das nur aus totaler Ignoranz gesagt werden, oder aus böser Absicht. Faschismus gab es in Rußland nie.«

Kunayew war ein zu intelligenter und gebildeter Mann, als daß man ihm, angesichts der Kundgebungen und der massiven Propaganda von Ultranationalisten den letzten Satz glauben durfte. Hingegen zweifelten wir nicht an den schrecklichen Erinnerungen, die Stalins Prozesse und die Untaten von Hitlers Deutschland mit dem Begriff »Faschist« für einen Russen verbinden.

Barbarismus

Ein paar tausend Leute haben sich auf dem Manegeplatz, in Sichtweite der Kremlmauern, versammelt. Über ihren Köpfen schwanken Transparente im Wind: »Rußland den Russen«, rufen sie, »Rußland erwache!« und in drohendem Ton: »Schluß mit dem Ausverkauf Rußlands!«

Auf der Rednertribüne, einem alten Armeelastwagen, stehen sechs Männer, zwei davon in Uniform: ein Oberst der Luftwaffe und ein Oberst der Marine.

Die beiden Offiziere und ein Zivilist, große, stämmige Männer, dem Aussehen nach zwischen vierzig und fünfzig, mithin zu jung, um noch im Weltkrieg gekämpft zu haben, trommeln Rußlands militärischen Ruhm ins Gedächtnis ihrer Zuhörer, unter denen alle Generationen vertreten sind.

»Weder Napoleon, noch dem deutschen Kaiser Wilhelm II. und auch nicht Hitler ist es gelungen, das Land, das unsere Ahnen durch friedliche und militärische Leistungen erworben haben, zu besiegen«, ruft der Luftwaffen-Oberst. »Im Gegenteil, Rußland hat sie vernichtet.« Seine Stimme steigert sich, überschlägt sich einige Male vor Wut. »Aber Gorbatschow und Jelzin ist es in kürzester Zeit gelungen, alles zu verschleudern, was unsere Ahnen in Jahrhunderten erworben und aufgebaut haben.«

Die Menge wogt in Empörung.

Jetzt ergreift der Zivilist das Mikrophon und brüllt: »Soll das alles verloren sein, obwohl wir den Krieg gewonnen haben? Welches andere Land würde sich das gefallen lassen? Ich sage euch, keines, keines! Und wie war das möglich? Weil Gorbatschow und Jelzin Verräter sind, weil sie auf volksfremde Berater gehört haben.«

»Es war kein russischer Außenminister, der uns um die Früchte unseres Sieges im Großen Vaterländischen Krieg betrogen hat, der uns gezwungen hat, Berlin und Warschau, Prag und Budapest zu verlassen. Ihr alle wißt, wer der Verräter war, ein gewisser Herr Schewardnadse aus Georgien. Und wer kommandiert heute in Moskau? Juden und Ausländer, die als Berater unserer Führer auftreten. Wer beherrscht den Handel? Seht euch doch die Händler an, da gibt es wenig Russen, das sind alles schwarzhaarige und dunkelhäutige Männer. Wer kann sich heute noch leisten, in ein Restaurant in Moskau zu gehen? Nur diese schwarzhaarigen und dunkelhäutigen Herrchen. Und wer sitzt an ihrer Seite und wird von ihnen betrunken gemacht, es sind unsere schönen, blonden, weißhäutigen russischen Mädchen.« In diesem Ton geht es weiter. Jeder Redner wiederholt nur mit anderen Worten, was sein Vorredner gepredigt hat.

Viele Zuhörer nicken bei jedem Satz zustimmend mit dem Kopf, auf manchen Gesichtern sammeln sich Wut und Haß. Aber keineswegs bei allen. Viele scheinen zufällig vorbeigekommen zu sein, und ihr Ausdruck ist skeptisch oder sogar mißbilligend.

Ein alter hochgewachsener, schlanker Mann um die siebzig, mit einer prächtigen Rotfuchsmütze, kommt nach dem Ende der Versammlung mit uns ins Gespräch. »Sie sind Deutsche?« fragt er. »Ich habe die Deutschen an der Front bei Leningrad kennengelernt, ausgezeichnete Kämpfer, gute Strategen, gute Organisatoren.«

»Was denken Sie von diesen Reden?« und er macht eine Bewegung mit dem Kopf in Richtung des Lastwagens. Er wartet die Antwort nicht ab. »Mir muß keiner erzählen, was Patriotismus ist, und die da oben schon gar nicht, die waren nicht mehr im Krieg. Ich war Hauptmann der Roten Armee«, er öffnet seinen Mantel und zeigt die Ordensbänder an der Brust. »Ich war vierzig Jahre lang Parteimitglied, und die Partei hat viel für das Volk getan, und sie hat das Volk im Krieg geeint. Aber jetzt hat sie ihre Lebenskraft erschöpft, sie hat sich überlebt. Wir müssen neue Kraftquellen finden, wenn nicht alles in die Brüche gehen soll. Der Patriotismus ist eine starke Kraft; doch alleine schafft er es heute nicht mehr. Er braucht die Kirche, ohne Kirche geht es nicht. Ich bin zwar

Atheist, aber die Kirche ist eine große moralische Kraft, die einzige, die wir heute haben. Wir brauchen sie, damit nicht die innere Zersetzung unser russisches Volk zerfrißt.«

Der alte Hauptmann zieht eine dicke Brieftasche hervor, sucht unter den vielen Papieren und Dokumenten, die er dort gesammelt hat und zeigt uns ein Photo: Vor der Patriarchatskirche blickte uns mit gezwungenem Lächeln ein junges Pärchen an, sie in weißem Brautkleid. »Meine Enkelin«, erklärt er. »Sie hat sich vor einem Jahr taufen lassen, ich war dafür.«

Man solle aufhören, die Kirche zu kritisieren, daß sie mit dem KGB zusammengearbeitet habe, meint er. »Vielleicht hat sie das auch zum Wohl des Volkes getan. Im Krieg war es für uns Rotarmisten wichtig zu wissen, daß die Kirche gegen die faschistischen Eindringlinge ist.«

Ob er denn glaube, daß Rußland den Krieg ohne die Unterstützung der Kirche verloren hätte, fragen wir.

Die Frage überrascht ihn, offenbar hatte er noch nie darüber nachgedacht. Verlegen brummt er etwas Unverständliches, reicht uns die Hand und verabschiedet sich.

Bestätigte der Hauptmann nicht im Grunde Stalins Kirchenpolitik? Angesichts des für die Sowjetunion zunächst katastrophalen Kriegsverlaufes mobilisierte Stalin auch die Russische Orthodoxe Kirche als nationale und moralische Kraft, plötzlich wurden wieder Kirchen für den Gottesdienst geöffnet, Geistliche aus den Lagern entlassen und die antireligiösen Aktivitäten eingestellt. Am 4. September 1943 empfing Stalin die führenden Hierarchen, genehmigte die Wahl eines Patriarchen und war ganz der huldvolle Herrscher, die Hierarchen ihrerseits übten beflissene Unterwürfigkeit.

»In Wirklichkeit waren alle Versprechungen des Jahres 1943 ein Betrug«, schrieb Alexander Solschenizyn 1974 in seinem Brief an die Exilkirche. Jedoch die Kirche, »durch Stalin nur als Schachfigur in das politische Spiel eingeführt, begann – nicht als Organisation, sondern als geistiger Leib – zu Kraft zu kommen, die nicht erlaubt wurde, aber auch nicht mehr kontrolliert werden konnte«.

Das Leben des Hauptmanns, 1920 geboren, fiel mit Aufstieg und Niedergang des Kommunismus fast aufs Jahr zusammen. In seinem Leben und seinen Ansichten spiegelte sich zugleich der Niedergang und Aufstieg der Russischen Orthodoxen Kirche.

Im Grunde stimmte er, wenngleich auf eine biedermännische Art, mit den Vorstellungen des Intellektuellen Sergej Kunayew überein.

Vater Aleksandr Borisow hatte es kritisch ausgedrückt: Heute verlaufe die Entwicklung vom Kommunismus zurück in die Kirche. Christentum und Kirche sollten jedoch das Ziel sein, statt dessen seien sie heute für viele Menschen »lediglich ein Mittel, für die Nationalisten ebenso wie für die kommunistische Nomenklatura, die mit einem Mal ihr Christentum entdeckt«.

Der russische Nationalismus tritt unterdessen nicht nur im orthodoxen Gewande auf, sondern auch im heidnischen. Gemeinsam ist den beiden die Idolisierung Rußlands, der Antisemitismus und ganz allgemein die Fremdenfeindlichkeit, ob es nun die »schwarzhaarigen, dunkelhäutigen Burschen aus dem Kaukasus« sind oder Ausländer schlechthin.

Auf der Versammlung am Manegeplatz hatten sich auch Angehörige anderer Richtungen eingefunden. Sie verteilten ihre Publikationen und verwickelten die Leute in Diskussionen, die zeitweise sehr heftig wurden.

Das Programm der heidnischen Gruppe, in deutscher Terminologie müßte man sie faschistische Grüne nennen:

»Der Eingottglaube verkörpert in sich die Angst und den Haß der Juden gegenüber der Natur«, wird hier verkündet. »Die Natur ist in ihren Augen sündig, sie ist gottfeindlich, und deshalb muß sie unterworfen werden. Judentum und Christentum sind schuld an der Zerstörung der Natur, schuld am maßlosen Materialismus, schuld an der Zerstörung der patriotischen Werte.«

»Doch befindet sich die westliche naturverderbende Zivilisation auf der Schwelle zu ihrem Untergang, sie hat sich überlebt. Die Zukunft Rußlands muß gleichbedeutend sein mit dem russischen nationalen Ideal: Volk, Heimat, Natur. Man muß das Wesen der heidnischen Weltsicht selbst annehmen, eine hochmoralische Haltung eines Sohnes zur Muttererde. Jeder Rusgeborene hat drei Mütter: die Mutter, die ihn geboren hat, die Mutter Heimat und die Mutter, die feuchte Erde. Aber die Mutter Heimat wird vor unseren Augen zerfleischt. Es fließt russisches Blut, welche Schande für die russischen Offiziere.«

»Die russische arteigene Friedensliebe hat sich von alters her in unserer Verträglichkeit mit anderen Stämmen gezeigt, die eine Zuflucht im russischen Reich fanden. Die Toleranz und frohe Herablassung entsprang dem Bewußtsein seiner Kraft. Großherzig ist das Los der Starken und nicht der Schwachen.«

»Was können wir dem russenfeindlichen tatarischen, kasachischen, moldawischen Nationalismus entgegensetzen, der, verstärkt von der jüdisch-christlichen Weltclique, entfacht wird? Nur der russische Nationalismus kann die Russen verteidigen, wo immer sie auch leben mögen. Die Stimme des Blutes ist die einzige wirkliche Kraft.»

»Das goldene Zeitalter steht bevor, wenn die Helden die Welt vom Fluch des Goldes befreien (Haben die Autoren gar Richard Wagner und den »Ring des Nibelungen« gelesen?). Im Augenblick besitzt nur Rußland diese unwiederholbare Möglichkeit, denn wir haben keinen Weg zurück.«

»Rußland ist nicht einfach ein Land wie Amerika, Rußland ist eine ganze unfaßbare Welt. Amerika hat Geschichte, Rußland hat ein Schicksal. Es ist unser schweres, aber ehrenhaftes Los, die Kräfte der Finsternis zu überwinden.«

»Die Juden, die sehen, daß das russische Volk immer mehr ihre üble Rolle erkannt hat, hängen sich hinter eine Wiederbelebung der russischen Orthodoxie in der Hoffnung, daß auch diesmal der beschnittene Erlöser sie retten wird. Die nationale Wiedergeburt ist nur auf der natürlichen Scholle des

Heidentums denkbar. Das Heidentum ist die kräftige fruchtbare Schicht, die Schwarzerde unserer Geschichte und Kultur. Das Christentum ist nichts anderes als Wegstaub.«

Das Erwachen von Nationalismus und Rassismus zeuge »von der Stärke des Atavismus in der menschlichen Gesellschaft, von der überragenden Bedeutung des Unbewußten, von der Oberflächlichkeit der Humanisierung der Menschheit«, schreibt Nikolaj Berdjajew. »Die Liebe zur eigenen Nationalität ist im Nationalismus mit dem Haß gegen die fremde Nationalität verbunden; der Haß aber erweist sich letztlich stärker als die Liebe.« Das ist sechzig Jahre her und frisch wie am ersten Tag.

In einem Brief des Vorsitzenden der Pamjat-Bewegung an den Präsidenten der Sowjetunion, Michail Gorbatschow, vom 1. Januar 1991 lesen wir: »Die kommunistische Doktrin ist nichts anderes als eine Sekte des Zionismus ... Eine absonderliche Häresie des 20. Jahrhunderts ist der Ökumenismus, der sich hartnäckig behauptet und die wirklichen Helden der Orthodoxie aus dem Weg räumt (»aus dem Weg geräumt« wurde vier Monate früher der Ökumeniker Aleksandr Meñ, ein Jude noch dazu). Die Ausartung des Sektierertums und des Uniatentums und anderer Häresien können mit besonders einflußreichen Beschützern rechnen, die sich mit dem zweifelhaften Begriff Pluralismus schmücken. Das Studium der Geschichte zeigt, daß jede Erneuerung unbedingt vom Land, vom Dorf ausgehen muß. Man muß auf jedmöglichem Weg in den Dörfern die zerstörten Gotteshäuser wiederherstellen, das heißt, man muß die kirchlichen Gemeinden und die nationale Erfahrung, die Tradition wiederherstellen.

Patriotisch eingestellte Kosaken, Bauern, Arbeiter, national denkende Intelligenz sind in der Lage, den einstigen Ruhm Rußlands wieder zu erneuern. Die Zionisten verstehen ausgezeichnet, daß ein Sieg der gemäßigten oder rechten Kräfte zu ihrem Untergang führt.«

Pseudomorphose

Als Gregor Samsa eines Morgens aus unruhigen Träumen erwachte, fand er sich in seinem Bett zu einem ungeheuren Ungeziefer verwandelt. Er lag auf seinem panzerartig harten Rücken und sah, wenn er den Kopf ein wenig hob, seinen gewölbten, braunen, von bogenförmigen Versteifungen geteilten Bauch …

»Vielen jungen Intellektuellen ergeht es heute wie Gregor Samsa«, meint Sergej. »Am Abend waren sie noch Schriftsteller, Historiker, Sinologen, Religionswissenschaftler, und am nächsten Morgen wachen sie auf und finden sich in einen Käfer verwandelt, einen goldgepanzerten Käfer. Sie sind plötzlich Broker, Händler, Manager.« Die intellektuelle Elite Rußlands, die geistige Creme der Gesellschaft, verlasse in Scharen die wissenschaftlichen Institute, Universitäten, Akademien, um sich dem Gelderwerb zu widmen, mit Haut und Haaren dem Gewinnstreben verfallend.

Anstatt an Kafkas Erzählung könnte man bei dieser Verwandlung von Intellektuellen und Künstlern in Geschäftsleute auch an die Taufwelle denken und die Feststellung der »Literaturnaja Gazeta« paraphrasieren: »Wir stürzen uns plötzlich aus der allgemeinen sozialistischen Knappheit in eine massenhafte Vereinigung mitGeld.«

»Die menschlichen Beziehungen werden nun ganz vom Wettbewerb bestimmt«, sagt Ilya, »jeder sieht im anderen einen Konkurrenten, auch Freunde sehen plötzlich in alten Freunden nur noch den Konkurrenten. Man drängt den anderen weg, man intrigiert, und die Russen waren immer fabelhaft im Intrigieren.«

Sind das die unvermeidlichen Flegeljahre auf dem Weg in die pluralistische Gesellschaft, in die Marktwirtschaft, in die Leistungs- und Wettbewerbsgesellschaft?

»Wir erleben den Niedergang Rußlands im Sinne von Oswald Spengler«, meint Sergej, ein kräftiger und selbstbewußter Poet und Journalist, den man ohne weiteres für einen ehrgeizigen amerikanischen Reporter oder Universitätsdozenten halten könnte. Die Erscheinung täuscht. »Wir erleben den Untergang unserer alten Kultur«, unterstreicht er. »Heute ist alles Sport und business geworden, die Literatur, die Kunst, die Wissenschaft, alles wird Sport. Selbst die Religion wird Sport. Unsere Kultur degeneriert zur bloßen Zivilisation, so wie es Spengler beschrieben und analysiert hat. Und in dieser Richtung entwickeln sich die meisten Menschen, wir alle, wir werden Mitglieder der Zivilisation, Bürger von Megalopolis.«

Das Symbol dieses Prozesses ist der Puschkinplatz. Dort steht der bronzene Puschkin, und sein Blick fällt auf Macdonald.

»Wir übernehmen das Schlechteste vom Westen und vergessen das Beste von unserer eigenen Tradition«, bemerkt Igor, der Sinologe und Lyriker.

In dieser Zeit der Wirren, in der es mehrere Verwandlungen gleichzeitig gibt, besinnen sich die nachdenklichen Russen auf jene großen Köpfe, die unter den Kommunisten verdammt, verbannt oder offiziell vergessen waren. Seit ein paar Jahren werden die großen russischen Religionsphilosophen wieder viel gelesen, an der Spitze Nikolaj Berdjajew (1874–1948) und Wladimir Solowjew (1853–1900).

»Die Herrschaft der Masse und der unpersönlichen Quantitäten, die in Gestalt der bürgerlichen Demokratien mit der heimlichen Diktatur des Geldes und auch in Gestalt der autoritativen Staaten mit der offenen Diktatur der Führer auftritt, versetzt die schöpferische Kulturschicht, die kulturelle Elite in eine sehr schwierige Situation«, schreibt Berdjajew. »Diese Elite erlebt in unseren Tagen eine Agonie, und ihre moralische und materielle Lage wird von Tag zu Tag unerträglicher. In der liberalen Demokratie hängt sie vom Kapital und vom vulgären Geschmack des großen Haufens ab; in der autoritativen oder kommunistischen Demokratie aber von der Diktatur der Weltanschauung und von der herrschenden Macht, die den Anspruch erhebt, den Geist zu organisieren.«

Das ist eine zutreffende Beschreibung der unmittelbaren Vergangenheit Rußlands und der Gegenwart Amerikas, wo nicht des ganzen Westens, wurde allerdings in den frühen dreißiger Jahren geschrieben. Schickt sich Rußland an, Amerika zu folgen, wird sich Macdonald auf das ganze riesige Land ausbreiten?

Das wäre Rußlands dritte Pseudomorphose. Drei große Wenden markieren die Geschichte Rußlands, die Verlegung des Staatswesens von Kiew nach Moskau, der Petrinismus und der Leninismus, in der vierten leben wir gerade. Alle stehen im Zusammenhang mit der Auseinandersetzung des Ostens mit dem Westen, des Orients mit dem Okzident. Darin erweist sich, daß der Raum Schicksal und Charakter des russischen Volkes in einem Maße bestimmt hat, wie vielleicht keines anderen großen Kulturvolkes.

Rußland sei zum Opfer seines gewaltigen Territoriums geworden, schreibt Berdjajew: die Notwendigkeit, dieses Territorium zu verteidigen, sowie die imperiale Expansion hätten den bürokratisch-militärischen Gewaltapparat anwachsen lassen, der mit den unmittelbaren Interessen der besitzenden Klasse ständig in Konflikt geriet und, beginnend mit Iwan dem Schrecklichen, in der brutalen Unterdrückung ihrer Bestrebungen erstarkte.

Der Monolithismus ist ein Produkt Moskaus; in der Kiewer Rus gab es noch eine gewisse Gewaltenteilung zwischen Fürsten, Adel und Kirche, und die Menschen erfreuten sich weit größerer Freiheit.

Die Verlagerung des Machtzentrums an die obere Wolga entfernte Rußland vom Westen, plazierte es tief in den endlosen Wäldern des riesigen eurasischen Raumes und bildete die eminent kontinentale Eigenart seiner Bevölkerung aus. In Moskau kamen zwei andere Faktoren hinzu: die Byzantinisierung und die Tatarisierung.

»Den Mongolen dankt Moskau seine Größe und Rußland seine Autokratie«, bemerkte 1818 der Historiker Karamsin. Von den Tataren holten sich die russischen Fürsten seit 1300 wiederholt ihre Frauen, sie ahmten ihre morgenländisch prächtige Kleidung nach, 130 der adeligen Geschlechter waren tatarischen Ursprunges, wie Godunow, Naryschkin und Turgenjew. »Die Treulosigkeit der Politik, die Bestechlichkeit der Beamten, die Willkür der Rechtspflege, die Grausamkeit der Strafe, Folterung, die Ausbeutung des Volkes«, schreibt Karl Stählin, »haben vermutlich in den tatarischen Bräuchen besonderen Antrieb empfangen.« Die Tatarenzeit war ein Verhängnis, das den westlichen Völkern erspart blieb, den Russen aber auf lange Zeit einen halbasiatischen Charakter verlieh.

1472 heiratete der Großfürst Iwan III., der sich als erster »Zar von ganz Rußland« und »von Gottes Gnaden« nennen ließ, die Nichte des letzten Paläologenkaisers, Sophie. Damit änderte sich die Atmosphäre am Fürstenhof, die Armen erhielten keinen Zutritt mehr, um sich über die Großen zu beschweren, die Bojaren wurden auf Distanz gehalten, das byzantinische Empfangszeremoniell mit einer bisher unbekannten Pracht eingeführt, der zweiköpfige byzantinische Adler ins Staatswappen aufgenommen, und die Sprache der diplomatischen Papiere wurde pompös und umständlich.

So haben denn der Raum Eurasiens, die aus seiner östlichen Peripherie einbrechenden Mongolen und das benachbarte Byzanz zusammengewirkt, den Monolithismus Rußlands zu bilden und zu festigen.

Wir finden indessen noch eine ältere Formation. Dem Orient ist die Idee des Staates fremd; die politische Ideenwelt, über die wir heutzutage verfügen, hat im Orient keine Väter. Denn Asien hat die Staatlichkeit, die es ebenso besaß, aber nicht die Polis, aus der natürlichen, den göttlichen Mächten verbundenen Wirklichkeit nicht herausgelöst; es ist ihm nur die Theokratie in ihren verschiedenen Formungen bekannt. Das christliche Rom erbte die Polis, das christliche Byzanz die Theokratie.

Viele Historiker, wie z.B. der Amerikaner Richard Pipes, hätten den Stalinismus als Fortsetzung des Zarenreiches gesehen. Das sei ein Irrtum, setzt uns Andranik Migranyan auseinander. »Stalinismus war der perfekteste Totalitarismus, den es in der Geschichte gegeben hat, und er hat auch nichts mit dem asiatischen Despotismus zu tun, wie ihn Wittfogel beschrieben hat, denn dieser kann nur die Community, das Kollektiv, die Gemeinschaft treffen, der Totalitarismus hingegen trifft auch das Individuum.« Hitlers Totalitarismus sei weniger ideologisch gewesen, er habe nicht die Wirtschaft einer totalen Kontrolle und Planung unterworfen. Daher seien Gesellschaft und Wirtschaft in Deutschland nicht dermaßen zerstört worden, und der Wiederaufbau ungleich leichter gewesen. »In Rußland aber ist alles zerstört worden, die Moral, das Wissen, das Know-how, die Elite, das Eigentumsrecht, jedes rechtsstaatliche Empfinden und so fort und so fort.«

Doch war der Leninismus-Stalinismus, die größte von Menschen geschaffene, Mensch und Natur zugefügte Katastrophe der Geschichte, keine ganz und gar eigenständige Bildung, vielmehr eine Pseudomorphose, eine Falschbildung aus Elementen, die von Europa übernommen wurden.

Ebenso wie die erste Pseudomorphose, der Petrinismus, der sich in der Unterordnung der Kirche durch den Heiligen Synod den Protestantismus Europas zum Vorbild nahm, hielten sich auch die Bolschewiken in ihrem Bestreben, Kirche und Glauben auszurotten, an Vorbilder aus dem westlichen Europa: die Französische Revolution und die Jakobiner.

Der Keim für die russische Revolution und die kommunistische Tyrannis wurde im Frankreich des 18. Jahrhunderts gelegt, und zwar bereits vor der Revolution: Gleichheit, Freiheit, Herrschaft und Vernunft und die Zentralisation des Staates. In »Der alte Staat und die Revolution« schreibt Alexis de Tocqueville von der »grenzenlosen Verachtung« der Physiokraten für die Vergangenheit. Alle Verschiedenheit sei ihnen verhaßt. »Sie würden die Gleichheit noch in der Knechtschaft anbeten. Was sie in ihren Plänen stört, verdient nur, vernichtet zu werden.« Er zitiert aus Morellys »Gesetzbuch der Natur« vom Jahr 1755: »Das Eigentum ist scheußlich«, wer es wieder einzuführen versuche, solle zeitlebens eingesperrt werden. »Jeder Bürger wird auf öffentliche Kosten ernährt, unterhalten und beschäftigt werden ... alle Wohnhäuser der Privatpersonen sollen gleich sein ...« Man könnte Lenins berühmte Formel paraphrasieren und sagen: Physiokraten plus moderne Technik ergeben Kommunismus.

Tocqueville erkannte weit klarer als spätere Historiker, daß das Prinzip der Gleichheit in Despotie umschlagen kann: »Das Durchschnittsniveau der Herzen und Geister wird unablässig sinken, solange Gleichheit und Despotismus sich miteinander verbinden.«

In den sechziger Jahren das letzten Jahrhunderts, als der Monolithismus mit den Reformen durch Zar Alexander II. aufzubrechen schien, wurde Tocqueville von russischen Intellektuellen leidenschaftlich gelesen. Dostojewskij, fünfzehn Jahre jünger als der französische Aristokrat, müsse sogar manches aus seiner Tocqueville-Lektüre für die »Dämonen« und die »Brüder Karamasow« benützt haben, behauptete Migranyan.

»Als erstes wird das gesamte Bildungsniveau gesenkt, die Wissenschaft und die Talente«, erklärt Pjotr Werchowenski, der Anführer der kleinen Gruppe der »Dämonen« und eine wahrhaft unheimlich visionäre Vorahnung der Bolschewiken. »Wir brauchen keine höher Begabten ... sie werden vertrieben oder hingerichtet. Einem Cicero wird die Zunge abgeschnitten, einem Kopernikus werden die Augen ausgestochen, und ein Shakespeare wird gesteinigt. Ohne Despotismus hat es weder Freiheit noch Gleichheit gegeben, aber innerhalb der Herde muß Gleichheit sein.«

Schatow, ein reiner Mensch, der sich von den »Unsrigen« losgesagt hat und daher später auf Befehl Werchowenskis ermordet wird, wettert gegen sie und ihre Ideen: »... eine Gleichheit, aus dem Neide geboren, eine Gleichheit ohne persönliches Wertgefühl, eine Gleichheit, wie sie ein Lakai sich denkt oder der Franzose von 1793 sich gedacht hat.«

Werchowenski ist, wie die bolschewistischen Führer, ein

grenzenloser Zyniker: »Ein solches Schaukeln wird das geben, wie es die Welt noch nie gesehen hat ... wir werden die Zerstörung verkünden ... Warum, warum? Weil dies Ideechen so verlockend ist.«

Fünfzig Jahre später, am 19. März 1922, heißt es in einem Brief (»Streng geheim. Es wird gebeten, auf keinen Fall Kopien herzustellen«) an die Mitglieder des Politbüros der KPdSU: »Je größer die Zahl von Vertretern der reaktionären Bourgeoisie und Geistlichkeit ist, die es uns bei dieser Gelegenheit zu erschießen gelingt, desto besser. Gerade jetzt muß diesen Leuten eine solche Lektion erteilt werden, daß sie auf Jahrzehnte nicht wagen, an Widerstand auch nur zu denken.« Der Verfasser war Lenin.

Besinnung

Die authentischsten Vertreter der eigenen Tradition in der Russischen Orthodoxen Kirche sind Zeugen dafür, daß die eschatologische Orientierung nicht ein Hindernis, sondern ein Stimulus für die Gestaltung der diesseitigen Welt und der zwischenmenschlichen Beziehungen sein kann. Aus dem unauflösbaren Spannungsverhältnis von Diesseitsgestaltung und Zukunftserwartung erwachsen dem Christen die Kräfte, die notwendig sind, um immer wieder Ansätze zur Verwirklichung des Reiches Gottes zu wagen. Indem die Botschaft der Kirche die Spannung von bereits verwirklichter Erlösung und noch zu erwartender Erfüllung aushält, ist sie in der Lage, auf dem offenen Markt der Diesseits- und Jenseitsideologien dem suchenden Menschen eine Orientierung zu geben. Eine Orientierung, die weder als exklusive Jenseitsideologie zum »Opium des Volkes« wird, das Diesseits aus dem Blick verlierend und vernachlässigend, noch radikal umschlägt in das Versprechen eines Paradieses auf Erden. Zukunftserwartung und irdischer Fortschritt schließen sich nicht aus, sondern bedingen einander.

Der Sowjetsozialismus war »ein imaginäres Paradies mit einer wirklichen Hölle, dem Gulag«, sagt der französische Soziologe Edgar Morin. »Wir sind endlich von der größten Lüge der Geschichte befreit.«

Noch nie in den letzten drei Jahrhunderten waren die Bedingungen für die Orthodoxe Kirche so günstig, die höchste, dem Zugriff des Staates entzogene, moralische und geistige Autorität zu werden, ein Platz, den niemand an ihrer Stelle einnehmen kann, der allerdings auch leer bleiben mag. »Die Selbstvergötterung des Menschen, welcher der Marxismus Ausdruck verlieh, endet wie alle individuellen und kollektiven Versuche der Selbstvergötterung: Sie erweist sich als der farcenhafte Aspekt der menschlichen Unzulänglichkeit.« Mit diesen Worten schließt Leszek Kolakowski sein Werk: »Die Hauptströmungen des Marxismus.«

Der Leninismus war ein Reich, das von einem Dreigespann gezogen wurde: Glaube, Angst und Lüge. Als erstes brach der Glaube zusammen, dann ließ die Angst nach, am längsten hielt sich die Lüge. Doch Angst und Lüge haben Rußland vergiftet.

Angst vor den alten Strukturen, Angst vor Armut und Chaos, Angst vor der neuen Mafia, die Angst vor den gigantischen Aufgaben der Zukunft und schließlich die Angst vor Eigenverantwortung – diese Ängste lähmen die russische Gesellschaft. Wer soll ihr den Mut und die Hoffnung geben, wenn nicht die seit tausend Jahren tradierte orthodoxe Kirche? Und wer soll die Lüge bekämpfen, die sich in ihr und in den Beziehungen zwischen den Menschen eingenistet hat?

Aber die Russische Orthodoxe Kirche wird die Hoffnung und die Erwartungen nicht erfüllen können, wenn sie exklusiv eschatologisch bleibt und dem Diesseits nur eine geringschätzige Aufmerksamkeit widmet.

»Das ist nicht unsere Sache«, bemerkte ein orthodoxer Priester mißbilligend zur Sozialenzyklika »Rerum novarum«

von Papst Leo XIII. auf einem Symposium in Moskau anläßlich ihres 100. Jahrestages im September 1991. Während russische Sozialwissenschaftler mit großer Aufmerksamkeit den Vorträgen über den Einsatz der Kirche für eine gerechte Sozialordnung zuhörten, in der Hoffnung, Elemente für die Genesung der russischen Gesellschaft zu finden, rügte der orthodoxe Geistliche, »die Kirche soll sich lieber um das rechte Gotteslob (›pravo slawie‹) kümmern.« In seinem Befremden kam die vom Westchristentum verschiedene Grundhaltung zum Ausdruck: Die Kirche habe in erster Linie für den richtigen Gottesdienst zu sorgen, die Regelung der gesellschaftlichen Verhältnisse ist Aufgabe des – möglichst christlichen – Staates.

In ihrer eschatologischen Ausrichtung, in der Konzentration auf die Liturgie, in der Zeitlosigkeit der Ikonenmalerei kann sich die orthodoxe Kirche auf die alte, die frühe Kirche berufen, das ist ihre Stärke und Schwäche zugleich. Denn wenn sie damit nur insinuieren wollte, daß nur die unveränderte Kopierung des Originals die Rechtgläubigkeit gewährleiste, verkennt sie die Tatsache, daß jede Kopie, auch die getreueste, vom Original grundverschieden ist.

Berdjajew, der die Schwächen seiner Kirche kannte, wurde nicht müde, daran zu erinnern, daß die Kirchenväter die schöpferischsten Christen ihrer Zeit waren und daß jene, die glauben, man müsse nichts anderes tun, als sie ständig zu wiederholen, am allerwenigsten das Recht haben, sich auf sie zu berufen.

Um die sozialen Dimensionen der christlichen Botschaft zu aktualisieren, brauchte sich die Russische Orthodoxe Kirche nur auf ihre eigenen Theologen und Religionsphilosophen zu berufen, wie Berdjajew, Stepun, Nikolai Losskij und die Priester Sergej Bulgakow und Pavel Florenskij, die aus eigenen Wurzeln die Notwendigkeit und Möglichkeit einer orthodoxen Soziallehre entwickelt haben. Die Blüte der russischen Theologie Ende des 19. und Anfang des 20. Jahrhunderts, von deren Ergebnissen sie noch heute zehrt, geht auf die Reform der geistlichen Akademie 1869 zurück. Aleksandr Meñ schätzte besonders den frühen Bulgakow, doch den stärksten Einfluß auf ihn hatte Wladimir Solowjew.

Dabei erweist sich das Strukturprinzip der orthodoxen Kirche, die Sobornost (Konziliarität), als besonders fruchtbar. Im Unterschied zur römischen Primatslehre, die auf die Zusammenfassung der Lehr- und Leitungsautorität der Kirche in einer Person, des Papstes, hinausläuft, vertritt die Sobornostlehre die Auffassung, daß die Glaubenshaltung des gesamten Kirchenvolkes letztlich über Annahme oder Ablehnung einer Lehre entscheidet.

Eine Orientierungsfunktion besonderer Art erfüllt das Mönchtum in der orthodoxen Kirche. In Byzanz waren die Mönche als Verteidiger der Ikonenverehrung gestärkt aus dem Bilderstreit hervorgegangen. Mit Evangelium und Taufe empfing die Kiewer Rus von Byzanz auch die Hochschätzung des Mönchtums. Aus den Mönchen wurden die Bischöfe bestellt und kamen fast alle russischen Heiligen.

Feodosij (1036–1074), der zweite Abt des Kiewer Höhlenklosters, wurde zur Leitfigur der Kiewer Periode, Sergej von Radonesch (etwa 1313–1392) zu jener der Moskauer Periode. Beide erfüllten das Motto des westlichen, auf Benedikt zurückgehenden Mönchtums: »Bete und arbeite.« Feodosij baute innerhalb des Klosterbezirks ein Krankenhaus und eine Herberge für Arme. Seinen Mönchen, die mit seiner Freigiebigkeit nicht einverstanden waren, hielt er vor: »Es ist besser für uns, mit unserer Arbeit die Armen und Unglücklichen jeder Art zu ernähren, als müßig zu sein und von Zelle zu Zelle zu gehen.«

Sergej, der Gründer und Vorsteher des Dreifaltigkeitsklosters in Sergiew Posad, wurde zum Hort und Schutzpatron des Moskauer Staates und später ganz Rußlands. Nach wie vor ist es das erste Kloster Rußlands und Sitz des wichtigsten Priesterseminars. Sergej verstand es, die einfachsten Arbeiten mit wichtigen diplomatischen Missionen zu verbinden. Ein späterer Biograph vermerkt: »Bei Sergej riecht es immer irgendwie nach Erde und Sägespänen.«

Das Dreifaltigkeitskloster und das im späten 14. Jahrhundert neu aufblühende Mönchtum spielten bei der Konsolidierung des russischen Staates an der oberen Wolga eine Hauptrolle. Erst sie ermöglichten den Sieg des Fürsten Dimitri Donskoij in einer der gewaltigsten Schlachten der russischen Geschichte, dem Sieg bei Kulikowo 1380 über die Tataren. Sergej hatte dem Fürsten nicht nur seinen Segen zum Kampf gegen den mächtigen Khan Mamaj erteilt, sondern sogar zwei seiner Mönche, bekannt durch frühere kriegerische Heldentaten, mit ihm ziehen lassen. Beide fielen auf dem Schlachtfeld.

Der Nestor der russischen Literaturwissenschaft, Dimitrij Lichatschow, faßte in der »Literaturnaja Gazeta« vom 9. September 1987 – also im zweiten Jahr der Perestrojka – die Rolle der Klöster zusammen: »Bei uns herrscht die Meinung, daß die Klöster Verbreiter des Obskurantismus waren. Wer aber hat die Bücher geschrieben? Wer hat neue Wirtschaftsmethoden eingeführt (im Kloster Soloveckij)? Wer hat neue Fruchtsorten gezüchtet? Mit den Problemen der Genetik und Selektion hat man sich schon in den Klöstern der alten Rus beschäftigt. An die 300 Sorten Äpfel waren ihnen bekannt. Ich möchte schon gar nicht von der Ästhetik des Kirchengesanges, der Ästhetik des kirchlichen Wortes, der Malerei, der Architektur reden, von der wir heute fasziniert werden und die immer von höchstem Rang war.«

Gegenüber von Jaroslawl, am anderen Ufer der oberen Wolga, ist seit wenigen Jahren ein Kloster wieder in Betrieb, ein Nonnenkloster, das jene Tradition des mittelalterlichen russischen Klosters fortführt. Unter den Kommunisten hatte es als Strafanstalt für Jugendliche und als Fabrik gedient. Mit einer Energie, die Männer beschämen müßte, sind hier mehr als hundert Nonnen dabei, mit eigenen Händen das Kloster aufzubauen und einen Wirtschaftsbetrieb einzurichten. Nonnen aus verschiedenen Berufen, Lehrerinnen, Künstlerinnen, Ingenieurinnen und sofort.

Der Vizebürgermeister von Jaroslawl brachte im April 1991 einen Gast aus dem Westen in das Kloster. Kaum öffnete sich das große Tor zwischen den gewaltigen Wehrmauern, meinte er, in einer anderen Welt zu sein. Eine Nonne mit wehendem Schleier fuhr auf ihrem Traktor vorbei, überall wurde gehämmert und gezimmert, wurde gegraben und gedüngt, hier wuchs ein neuer Bau empor, dort entstanden Obst- und Gemüsegärten. Ihre Begleiterin, eine stämmige, resolute Frau in den Vierzigern, erzählte, sie haben ihre einträgliche Stellung als Bauingenieurin aufgegeben, um ihren Jugendtraum zu erfüllen und Nonne zu werden.

Es war der 22. April, Lenins Geburtstag, ein arbeitsfreier Tag, den Hunderte von Jaroslawer Bürger nutzten, um im Kloster ohne Entgelt zu arbeiten. »Jedes Mal, wenn ich in den letzten drei Jahren hergekommen bin«, sagte der Vizebürgermeister seinem Gast, »staune ich, wieviel sich seit meinem letzten Besuch verändert hat.« Er seufzte. »Dann kehre ich nach Jaroslawl zurück. Und was ist in ebendieser Zeit bei uns geschehen? Nichts!«

Die Kirche als Pionier des Fortschritts, als Mitgestalterin der Welt hier unten, die Nonnen führen es vor. Eine Rolle, welche die Klöster in der westlichen Christenheit im Mittelalter erfüllten und ohne die Europas Aufstieg gar nicht denkbar wäre. Rußlands Lage heute läßt sich in gewisser Weise mit jener der europäischen Länder im Mittelalter vergleichen.

»Keine Losung, sei sie humanistisch oder kommunistisch, kann die christliche Ethik der Arbeit ersetzen«, schrieb Sergej Bulgakow (1871–1944). »Die Wirtschaftswissenschaft lehrt uns, wie sehr die Sklavenarbeit – auch vom wirtschaftlichen Standpunkt aus – der freien Arbeit unterlegen ist. Die Freiheit der ökonomischen Betätigung verbunden mit Disziplin ist uns nur vom Christentum gegeben worden.«

Bulgakow hatte vor dem Ersten Weltkrieg an der Moskauer Universität Nationalökonome gelehrt und war Marxist ab ovo gewesen, doch wandte er sich schon nach der Oktoberrevolution vom Kommunismus ab, studierte Philosophie und Theologie, ging ins Exil, wurde Priester und einer der führenden russischen Theologen im Ausland.

Es ist kein Zufall, daß wichtige theologische Impulse für die heutige russische Orthodoxie von religiösen Denkern wie Bulgakow und Berdjajew kommen, die im Exil gelebt haben. Alle wichtigen Wenden in der russischen Geschichte, das ist eines ihrer Leitmotive, standen immer in Zusammenhang mit Rußlands Berührung mit dem Westen.

Sergej Bulgakow war der geistliche Vater einer ungewöhnlichen Frau, der Mutter Maria Skobzowa, die sich im Exil bemühte, das alte Mönchsideal »Bete und arbeite« von der orthodoxen Tradition aus zu erneuern. Auf der Grundlage von Chomjakows Lehre von der »Sobornost«, der Konziliarität, und Solowjews Lehre von der Gottmenschlichkeit der Kirche entwickelte sie eine spezifische orthodoxe Soziallehre. Ihre Ideale hat sie auf die extremste Weise verwirklicht, die einem Menschen möglich ist: Wenige Wochen vor Kriegsende ist sie im KZ Ravensbrück anstelle einer anderen Frau in die Gaskammer gegangen.

Rußlands zweite Taufe

Wenn Rußland eine freie Gesellschaft freier Bürger werden soll, gelöst aus der engen Umschalung des Monolithismus, darf es nicht der Versuchung einer dritten Pseudomorphose erliegen: der Nachahmung Amerikas.

Viele junge Russen blicken heute auf die Vereinigten Staaten als Vorbild einer erfolgreichen Gesellschaft. Sie begreifen nicht, daß Rußland und Amerika geradezu Antithesen sind und eine Amerikanisierung Rußlands unweigerlich in eine neue Katastrophe führen würde.

Die Russen denken eschatologisch, die Amerikaner sind geschichtslos: »Der Barbar und der neuamerikanische Bildungsmensch leben geschichtslos«, an diesem Dictum von Jacob Burckhardt gibt es bis heute wenig zu rütteln. Nie könnte ein Amerikaner von den Vereinigten Staaten behaupten, daß man hier »den biblischen Atem in der Geschichte spürt«.

Die Russen leben kultisch, ihre Liturgie dauert zwei und mehr Stunden, und man muß stehen. Die Amerikaner erleben die Religion sonntags als Unterhaltung und Werbekampagne auf dem Fernsehschirm, im edlen Wettstreit der Konfessionen, die sich dabei der modernsten Marketing- und Promotionsmethoden bedienen. Billy Graham rühmte sich, »daß ich mit einer einzigen Predigt im Fernsehen mehr Menschen erreiche, als Christus in seinem ganzen Leben«. Inzwischen tummeln sich die amerikanischen Fernsehevangelisten auch in Rußland.

Oblomow, der klassische russische Charakter (»so sind sie alle«), liegt im gleichnamigen Roman von Gontscharow die ganze Zeit auf dem Sofa, träumend, grübelnd und redend, und setzt sich lieber der Gefahr aus, von der herabfallenden Decke erschlagen zu werden, als sich den Mühen des Wohnungswechsel auszusetzen. Die Amerikaner hingegen leben nach dem Spruch, »the business of life is business«, und der Zweck, ja die Rechtfertigung des Lebens ist es, Erfolg zu haben.

Ein Russe, dem man seine Unpünktlichkeit vorwirft, antwortet: »Es gibt Augenblicke, die es wert sind, daß man sie richtig erlebt; das ist viel wichtiger, als daß man pünktlich zu einer Verabredung kommt.« Der Amerikaner betrachtet das Leben als »rat race«, Rattenrennen, und Zeit ist gleich Geld. Es war denn auch ein Armenier, kein Russe, der von uns für ein Gespräch Geld verlangte – »time is money«, das habe er von den Amerikanern gelernt.

In Rußland hatte das Privateigentum auch vor den Kommunisten keine große Bedeutung, jedenfalls keine Tradition, für die Amerikaner ist Privateigentum eine zutiefst moralische, nahezu religiöse Angelegenheit.

Der Russe ist autoritätsgläubig, die Macht, welche Macht auch immer, ist ihm heilig, und der Herrscher ist das »Väterchen«, so haben es ihn Geschichte und Orthodoxie gelehrt.

Der Amerikaner schätzt die Regierung gering, mißtraut jeder staatlichen Autorität, sein Ideal von einer glücklichen Kindheit ist es, frei von Autorität zu sein, und Dagwood, die Comicfigur, die allen Ansprüchen auf Autorität als Ehemann, Vater und Mann entsagt hat, verkörpert diese Haltung.

Bei den Figuren Balzacs, wie der ganzen westlichen Gesellschaft, seien zwei Faktoren wichtig, die im Werk Dostojewskijs fast keine Rolle spielen, hat André Gide in einem Essay analysiert: Verstand und Willen. Im Gegenteil, Dostojewskijs Helden gelangen in das Reich Gottes nur durch Selbstverleugnung, indem sie auf verstandesmäßige Einsicht verzichten, ihren persönlichen Willen aufgeben. Nichts wäre den Amerikanern fremder als eine solche Auffassung.

In Amerika, wo die Atomisierung des Wissens und der Kommunikation ständig zunimmt, werden die Elemente und Fakten getrennt betrachtet und untersucht, als stünden sie nicht miteinander in Verbindung. Die Russen hingegen betrachten das Universum als ein Ganzes, wo die Dinge auf vielfältige Weise voneinander abhängen und miteinander in Beziehung stehen.

Die Amerikaner fürchten Leid, Altern und Tod mehr als andere Völker, und ihr beständiges Bemühen, jeder Konfrontation mit der Sterblichkeit aus dem Wege zu gehen, ist ein wichtiger Bestandteil ihrer Kultur. Ein russischer Kirchenfürst sagte vor ein paar Jahren auf einer christlichen Weltkonferenz zu einem amerikanischen Amtsbruder: In Amerika lernten die Christen, wie sie zu leben hätten, in Rußland lehre man sie, wie das Christentum sterben solle.

Walter Rathenau wurde einmal von André Gide gefragt, was er über den Bolschewismus und die russische Revolution dächte. Natürlich sei er über die von den Revolutionären begangenen Scheußlichkeiten entsetzt, erwiderte Rathenau: »Aber glauben Sie mir, ein Volk kann nur zum Bewußtsein seiner selbst und ebenso ein Individuum zum Bewußtsein seiner Seele gelangen, wenn es sich in das Leid und in den Abgrund der Sünde stürzt.« Und er fügte hinzu: »Und weil es weder das

Leid noch die Sünde auf sich genommen hat, darum hat Amerika keine Seele.«

Kurzum, die Mentalität der Russen ist derjenigen der Amerikaner so entgegengesetzt, daß sie ohne eine »Verwandlung« nie imstande sein werden, mit den Amerikanern auf deren ureigenstem Gebiet, dem »Busineß«, zu konkurrieren oder es ihnen nachzumachen, vielleicht der einzelne Russe, nie jedoch die Gesellschaft. Erst wenn Jimmy Swaggart, Billy Graham und ihresgleichen bei den Russen besser ankommen als Gott, hat Rußland Amerika wahrhaftig eingeholt.

Es scheint Äonen her, daß Nikita Sergejewitsch Chruschtschow sich damit brüstete, die Sowjetunion werde die Vereinigten Staaten überholen. Statt dessen richtete sich Macdonald vor den Augen des bronzenen Puschkin ein, und die Russen standen sogleich stundenlang Schlange, um ein Zeugnis gastronomischer Barbarei zu verschlingen. Heute geben sich amerikanische Wirtschaftsratgeber die Klinken in Moskau und St. Petersburg in die Hände.

Kolakowski sprach vom »Farcenhaften« des kommunistischen Versuches, das Paradies auf Erden zu errichten, die Nachahmung Amerikas würde zwangsläufig auch zur Farce werden: Eine polarisierte Gesellschaft – mit wenigen, gewissenlosen, vom Scheitel bis zur Sohle korrumpierten Reichen und einem zahllosen, mühselig dahinvegetierenden Proletariat, das fleißig die Kirche besucht, eine Art riesige Philippinen, der unseligen asiatischen Mischung aus europäischem Christentum und amerikanischem Kolonialismus – würde sich über ganz Eurasien ausbreiten.

Vom Tanz ums Goldene Kalb sprachen die jungen Literaten, dem sich heute viele Russen ergäben. Berdjajew hat vor der »Entstellung der Rangordnung der Werte« gewarnt, weil der Mensch die ökonomischen Werte als die höchsten erkläre. »Die Masse lebt vorwiegend den ökonomischen Interessen, und dieser Umstand übt einen verheerenden Einfluß auf das Kulturleben aus, das im Bewußtsein der Masse zum unnützen Luxus herabgesetzt wird.«

Berdjajew hat diese Zeilen in den dreißiger Jahren geschrieben, in seinem Buch: »Das Schicksal des Menschen in unserer Zeit«, das sich gleichermaßen gegen den Faschismus und Nationalsozialismus wie gegen den Kommunismus richtete. Jene seien von Nietzsche, dieser von Marx beeinflußt worden, den beiden Denkern des 19. Jahrhunderts, »die Zusammenbruch und Ende des Humanismus bedeuten. Marx und Nietzsche kämpfen gegeneinander und teilen die Welt unter sich«. So wie sich Nietzsche mit Schaudern vor den Folgen seiner Predigt abwenden würde, so würde die russische Revolution Marx, auf dessen Namen sie schwöre, »in Staunen versetzen, da sie seiner Lehre völlig widerspricht und seine Theorien tatsächlich verleugnet«.

Das war Rußlands zweite Pseudomorphose, »die größte Lüge der Geschichte«, eine Lüge, unter deren verheerenden Folgen die Russen nicht nur unsagbar leiden, sondern in der sie auch die größte Demütigung, ja Erniedrigung ihrer gesamten Geschichte erfahren. Nach dem Zerfall des sowjetischen Imperiums, dem Folgestaat der Zaren, drohen nun dem eigentlichen Rußland, »Rossiya«, einem multiethnischen Mosaik, gewalttätige Spannungen zwischen den Russen und den in Jahrhunderten einverleibten kleinen Völkern. Die Idolisierung Rußlands, von der die jungen Literaten gesprochen hatten, erfuhr unter den Bolschewiken eine farcenhafte Übersteigerung, seine Geschichte wurde maßlos glorifiziert. Hinzu kamen tatsächliche Ruhmestaten, in der Weltraumfahrt, im Sport, die der Welt die Überlegenheit des kommunistischen Menschen in allen Disziplinen zu beweisen schienen. Buchstäblich über Nacht finden sich die Russen in einer Situation, wo sie auf das Mitleid der Welt angewiesen sind, um das nackte Überleben zu sichern. Sie selber klagen, sie seien ein Dritte-Welt-Land geworden, anstelle des Stolzes hat sich das Gefühl von Scham und Schande in allen Falten ihrer Seele eingenistet, und sie müssen sogar fürchten, Teile Sibiriens zu verlieren. Die Zeit der Lüge währte vier Generationen, sechs Jahrzehnte länger als in Westdeutschland und drei Jahrzehnte länger als in Ostdeutschland. Welch ungeheure seelische Belastung, ganz abgesehen von dem kläglichen Alltagsleben mit seinen materiellen Sorgen!

Solchen Prüfungen ausgesetzt, haben sich viele Russen der einzigen Instanz zugewandt, die durch das Auf und Ab der tausendjährigen Geschichte, die Siege und Niederlagen, die Zeiten der Triumphe und die Zeiten der Wirren, in dieser gegenwärtigen »smutnoe vremja« ein Kontinuum bietet: die Russische Orthodoxe Kirche.

Die erstaunliche Taufwelle, die unzählige Russen, Frauen wie Männer, aus allen sozialen Schichten, gebildete und ungebildete, junge und alte, in die Kirche schwemmt, bedeutet ja keineswegs, daß nun Millionen über Nacht von Atheisten zu gläubigen Bekennern der Orthodoxie geworden sind. Nein, sie ist weit eher eine Flucht auf die einzige Insel, die in diesen Stürmen ein gewisses Maß an Sicherheit erhoffen läßt, die Bewahrung verspricht. »Wenn draußen die Stürme toben, sucht man im Innern Ruhe und Trost«, meint Konstantin Pleschakow.

Im Grunde, nach den strengen Gepflogenheiten der orthodoxen Tradition, dürfte dieses große Heer neuer Kirchenmitglieder noch nicht getauft werden. Bis auf wenige Ausnahmen kennen sie ja nicht einmal die notwendigen Gebete. Die Mehrzahl der unvorbereitet Getauften sind eigentlich Taufanwärter, Katechumenen, die nach dem Wortgottesdienst der Liturgie vom Priester oder Diakon aufgefordert werden müßten: »Oglaschenie izidytie, Katechumen geht hinaus!« Da die meisten nicht zur Messe gehen, stellt sich allerdings das Problem gar nicht.

Aber diese Beobachtung, die viele orthodoxe Priester bestätigen, trifft nicht den Kern der Sache. Was Rußland erlebt, ist seine »zweite Taufe«, die erste geschah vor tausend Jahren. Damals blieben viele Getaufte im Grunde ihres Herzens Heiden, taufen hatten sie sich lassen aus Vasallentreue und Anhänglichkeit ihrem Fürsten gegenüber, dem Waräger Wladimir. Heute mögen die meisten Getauften keine praktizierenden, gläubigen orthodoxen Christen sein, gleichwohl stellen sie große Erwartungen an die Kirche als einzige moralisch-geistige Autorität: die Kirche als Sinnstifterin, Identitätsstifterin, Nothelferin und Trösterin, wie immer man es definieren mag.

Der Staat ist schwach, die Kirche ist schwach, noch nie seit der Kiewer Rus hat die Kirche eine solche Möglichkeit gehabt, sich vom Diktat des Staates zu befreien und den Monolithismus aufzubrechen, der bisher Rußlands Fatum war.

Nur als autonome, unabhängige, freie Institution wird sie die Aufgabe erfüllen können, die sich in verschiedenen Formen allen christlichen Kirchen stellt: den Menschen zu helfen, den Ausgleich zwischen Jenseitserwartung und Diesseitsgestaltung zu suchen, eine Suche, die in der Natur der Menschen der Christenheit liegt, ob sie gläubig sind oder nicht.

Bei den Russen nun obliegt der Kirche eine besonders schwere Verantwortung und Aufgabe, hat doch ihre Geschichte immer wieder bewiesen, daß sie die radikalsten Pendelausschläge vollführen.

Mereschkowskij schreibt von der Neigung der Russen »zu allem dialektisch Äußersten, Zügellosen, Überschreitenden, selbst über den letzten Strich Gehenden« und stellt sie den »westeuropäischen, unvergleichlich zaghafteren und gemäßigteren, weil mehr lebenskulturellen, mehr geschichtlich realistischen ›Versuchen, sich auf Erden ohne Gott einzurichten‹« gegenüber.

Die Völker des westlichen Christentums haben nicht einmal im Mittelalter derart radikale Pendelausschläge zwischen Jenseitserwartung und Diesseitsgestaltung vollzogen wie die Russen. Es ist dieser Extremismus, diese enorme Spannweite, in der auf der einen Seite die gewaltige russische Literatur des 19. Jahrhunderts wachsen konnte, diese ungeheure Explosion künstlerischer Energie, vergleichbar dem Athen des Perikles und dem Italien der Renaissance, die jedoch die Russen zu einer anderen Zeit anfällig machte für die »Dämonen«.

Stepan Trofimowitsch, ein liberaler Schöngeist und Freidenker, der arglose Vater eines argvollen Sohnes, des Pjotr Werchowenski, jener Figur, in der Dostojewskij die Bolschewikenführer visionär beschrieben hat, läßt sich, als dem Tode geweihter, sich dessen freilich nicht bewußter Mann auf dem Krankenbett jene Stelle über die Teufel aus dem Lukas-Evangelium vorlesen, die aus dem Menschen in eine Herde Säue fahren, die sich dann in den See stürzt:

»Diese Teufel, die aus dem Besessenen heraus in die Säue fahren«, sagt er, »das sind all die Seuchen, all die Miasmen, all die Unsauberkeiten, alle Dämonen und Teufelchen, die sich in unserem großen, lieben Kranken angehäuft haben, in unserem Rußland, seit Jahrhunderten und Jahrhunderten ... Aber ein großer Gedanke und ein großer Wille wird es von der Höhe aus beschatten ... Wir werden uns wie jene Tollen und Besessenen von den Felsen herabstürzen ins Meer und alle untergehen, alle. Dorthin führt unser Weg, denn nur dazu reichen unsere Kräfte. Der Kranke aber wird genesen und zu Jesu Füßen sitzen, und alle werden verwundert schauen.«

Nachwort

Ist Rußland Europa? Das ist die Frage, die kein Mensch, sondern nur die Geschichte beantworten kann. Ja, die russische Geschichte ließe sich als der beständige Versuch interpretieren, sie auf verschiedene Weise zu beantworten. Wir werden seit 1989 in einem fort daran erinnert, wie ahnungslos wir gegenüber den großen historischen Ereignissen sind und daß wir uns vor allen Voraussagen hüten müssen. Soviel jedoch steht fest: Der Augenblick, der Kairos, war noch nie so günstig, die Frage mit Ja zu beantworten, daß nämlich Rußland Europa ist und Europa ohne Rußland unvollständig wäre.

Lysippos hat den Kairos, den Gott des günstigen Augenblicks, als jungen Menschen mit großer Stirnlocke, einem Schopf und kahlgeschorenem Hinterkopf dargestellt, der an den Menschen vorbeihuscht. Freilich bedarf es, um »die Gelegenheit beim Schopfe zu packen« und nicht am kahlen Schädel abzugleiten, eines langen starken Atems, denn das Zusammenwachsen von Rußland und Europa ist eine Angelegenheit, die nicht Jahre, sondern Jahrzehnte, nicht eine, sondern zwei oder mehr Generationen dauern wird, soll sie gelingen und nicht zu einem Mißwuchs ausarten. Vor allem ist es keine einseitige Sache: Wir geben, sie nehmen; zwar sind wir reich und unsere Institutionen sind stabil, sie sind arm und anstelle der Institutionen haben sie eine Tabula rasa. Aber geistig, moralisch, kulturell macht Europa, mit seiner überalternden Bevölkerung, in Parochialismus verfallend, von Haß und Kleinmut niedergedrückt, bei Gott keine gute Figur. Rußland, potentiell unendlich reich, mag in ein paar Jahrzehnten wie ein Phönix aus der Asche steigen. Sein historischer Takt war immer ein anderer und langsamerer als der Westeuropas, und bis zu Peter dem Großen hatte es fast keinen Anteil an der Geschichte der europäischen Völker.

Die Pfeiler eines modernen, demokratischen Rußland müßten eine freie, selbstbewußte und gebildete Mittelklasse und eine autonome, geistig und moralisch reformierte, dem Neuen und Anderen aufgeschlossene orthodoxe Kirche sein, eine Kirche, die sich dem Zugriff der politischen Mächte entzieht. Eine solche Mittelklasse hat es bisher nur in Ansätzen zwischen den Reformen Alexanders II. und dem Ersten Weltkrieg gegeben, dann wurde sie von den Bolschewiken nahezu ausgerottet, und eine solche Kirche lediglich in Ansätzen in der vormoskowitischen Zeit. Priester wie Aleksandr Meñ, Aleksandr Borisow und Wladimir Archipow waren und sind Vertreter der neuen Kirche, nicht zufällig entstammen sie der kleinen überlebenden Mittelklasse und haben Wissenschaften oder Technik studiert, sie sind der Stoff, aus dem sich eine reformierte Kirche aufbauen ließe.

In der Wechselwirkung von Mittelklasse und Kirche könnte sich die Rechtskultur entwickeln, der Sinn für Initiative und Verantwortung, ein Mechanismus gewaltfreier Konfliktbewältigung und andere Qualitäten und Strukturen, die Voraussetzung für ein neues, zukunftsreiches Rußland sind.

Was heißt, die Gelegenheit beim Schopfe packen?

Rußland heute in seiner Not zu helfen ist eine Sache, doch geht es um sehr viel mehr, nämlich um das Zusammenwachsen mit dem alten Europa und das heißt zugleich, ein Zusammenwachsen der getrennten Christenheit. Ohne eine wahrhafte Ökumene des Geistes und der Kirchen kann eine bloß aufs Politische, Militärische und Wirtschaftliche gründende Gemeinschaft nicht von Dauer sein.

Unmöglich und unrealistisch, das riesige Land gleichzeitig und überall aufzubauen, vielmehr müssen zuerst Inseln des Fortschritts geschaffen werden, von denen sich die Entwicklung ausbreitet. Daraus ergibt sich, daß sich Hilfe und Zusammenarbeit auf Regionen und innerhalb der Regionen auf lokalisierbare Räume konzentriert.

Nichts wird mehr Impulse geben als Dialog und Austausch von Wissen, Denkentwürfen, Meinungen, und zwar auf so vielen Gebieten und in so vielen Fächern wie möglich. Persönliche Beziehungen und überschaubare Partnerschaften sind meist fruchtbarer als bürokratische, z.B. zwischen Städten, Gemeinden (die Nonnen von Jaroslwal haben dank der Städtepartnerschaft mit Kassel die elektrischen Einrichtungen von Kasseler Handwerkern erhalten), Universitäten, Pfarrgemeinden, Seminaren, Schulen usw. Für kirchliche und weltliche Akademien, für natur- und geisteswissenschaftliche und theologische Fakultäten ergibt sich hier ein großes Betätigungsfeld, desgleichen für Zeitungen, Zeitschriften und Institute. Materielle und immaterielle Hilfe für sorgfältig ausgesuchte russische Partner vermag mit kleinen Beiträgen erstaunlich viel zu erreichen.

Ohne Rußland wäre Europa unvollständig. Bedenken wir, wieviel ärmer Europas Kultur ohne die russische Literatur, Musik und Avantgardekunst wäre, deren Einfluß unendlich bedeutsamer war und ist als jener Amerikas. Die Vereinigten Staaten und Europa driften geistig und kulturell auseinander, der Graben wird tiefer, mag auch vorläufig das politische und militärische Interesse noch eine Brücke bilden.

Eine große europäische Kultur darf jedoch auf keinen Fall ein kultureller Eintopf werden. »Die Kultur hat immer nationale Wurzeln und einen nationalen Charakter«, schreibt Berdjajew. »Eine internationale Kultur ist überhaupt unmöglich; sie wäre ein Werk des Commis voyageurs. Nur die Technik hat einen internationalen Charakter, und ihre Macht ist eine internationale Kraft.« Es kann also keinesfalls darum gehen, daß Rußland seine Orthodoxie aufgibt.

Geistiger Protektionismus sei eine ernste Gefahr, schrieb André Gide in einem Essay über Dostojewskij. »Jedoch scheint mir die Forderung nach einer Entnationalisierung des Geistes eine nicht weniger große Gefahr zu bergen.« Damit spreche er einen Gedanken Dostojewskijs aus. Es gebe keinen Schriftsteller, »der zugleich in einem strengeren Sinne Russe und in einem weiteren Sinne Europäer gewesen wäre«.

Die Russische Orthodoxe Kirche hat eine jahrhundertealte Tradition des geistigen Protektionismus; unter diesem Protektionismus hat Rußlands geistige Kultur gelitten. Auch heute sind die Stimmen innerhalb der Kirche, die nach einer Öffnung rufen und bereit sind, für sie zu kämpfen, eine kleine Minderheit. Der Erzpriester Aleksandr Meñ hat davon Zeugnis abgelegt. Damit diese Stimmen an Kraft und Zahl zunehmen, bedürfen sie der Unterstützung der russischen und westlichen Intelligenz. Das vereinte geistige und geistliche Potential von orthodoxer und katholischer Kirche und darüber hinaus das von Ost- und Westchristentum könnte ein entscheidender Impuls zur Überwindung der Lähmung und Perspektivlosigkeit der Gesellschaft sein, der russischen wie der europäischen.

»Die Rettung Rußlands ist eine Aufgabe für das gesamte Europa und das gesamte Christentum«, sagte uns ein russischer Emigrant, und er fügte hinzu: »Der Urteilsspruch für das alte Europa und für Rußland wird ein und derselbe sein. Wir, die so lange Getrennten, sind heute auf Leben und Tod miteinander verbunden.«